快速城镇化进程中乡村转型

罗小龙 等著

中国建筑工业出版社

图书在版编目（CIP）数据

快速城镇化进程中乡村转型/罗小龙等著. —北京：
中国建筑工业出版社，2018.5
ISBN 978-7-112-21778-6

Ⅰ.①快… Ⅱ.①罗… Ⅲ.①城市化-建设-研究-中
国 Ⅳ.①F299.21

中国版本图书馆CIP数据核字（2018）第015153号

快速城镇化进程中乡村转型

罗小龙 等著

*

中国建筑工业出版社出版、发行（北京海淀三里河路9号）
各地新华书店、建筑书店经销
北京科地亚盟排版公司制版
廊坊市海涛印刷有限公司印刷

*

开本：850×1168毫米 1/32 印张：7½ 字数：191千字
2018年4月第一版 2018年4月第一次印刷
定价：32.00元
ISBN 978-7-112-21778-6
（31620）

本书包括8章，分别是：绪论、概念界定与相关理论综述、中国城镇化总体历程和乡村发展、城郊型半城市化地区乡村：江苏扬州的实证研究、开发区型半城市化地区乡村：江苏姜堰的实证研究、就地城镇化地区乡村：福建晋江和石狮的实证研究、人口流出地地区乡村：山西长治的实证研究、结论。文后还有附录。本书在快速城镇化和当前乡村振兴的发展背景下，运用城镇化和城乡转型发展等理论，在借鉴前人对城镇化和乡村的相关研究的基础上，以江苏扬州大都市周边半城市化地区、泰州新城半城市化地区、福建泉州的城中村地区、山西长治的空心村地区等四个不同类型的乡村聚落形态为研究对象，探讨我国快速城镇化下的乡村变迁问题。

本书可供从事城乡规划专业工作的专业人员、管理人员使用，也可供大专院校的师生使用。

责任编辑：胡明安

责任设计：李志立

责任校对：王雪竹

主要编写人员

罗小龙　南京大学建筑与城市规划学院，教授

田　冬　南京大学城市规划设计研究院，工程师

刘晓曼　香港中文大学地理与资源管理学系，博士研究生

陈佳旻　浙江省发展规划研究院，助理工程师

吴春飞　中国城市规划设计研究院上海分院，助理规划师

何瑞雯　上海市规划编审中心，助理工程师

韦雪霁　香港大学城市规划与设计系，博士

许　骁　上海市浦东新区规划和土地管理局，副主任科员

前　言

改革开放以来，随着城镇化的不断推进，我国步入快速城镇化的发展阶段，城市用地扩张与农村剩余劳动力转移成为我国城镇化发展的重要动力。在城镇化的过程中，乡村土地转化为城镇土地，乡村人口转移为城镇人口，一方面为我国的城镇化发展注入了动力，另一方面，也给乡村发展带来了深远的影响。首先，在大量乡村人口流入城镇的发展背景下，位于城郊的"半城镇化"地区因其区位特征，受城镇化的影响最大，当地居民生活、生产方式均发生了剧烈的变化；其次，城中村作为快速城镇化的产物，被城市包围，却保留了乡村形态，并呈现出"亦城亦乡"的空间、社会形态；最后，中部欠发达地区的乡村在快速城镇化的背景下出现了大量人口流失，房屋空置、乡村衰退。由此可见，在新的时代背景下，乡村发展模式已经发生了巨大变革。在党的十九大报告中，提出了乡村振兴战略，为新时期乡村的发展指明了方向。

本书在快速城镇化和当前乡村振兴的发展背景下，运用城镇化和城乡转型发展等理论，在借鉴前人对城镇化和乡村的相关研究的基础上，以江苏扬州大都市周边半城市化地区、泰州新城半城市化地区、福建泉州的城中村地区、山西长治的空心村地区等 4 个不同类型的乡村聚落形态为研究对象，探讨我国快速城镇化下的乡村变迁问题。本书聚焦 4 个理论问题：一是，我国乡村出现了哪些变迁，这些新变化、新特点在不同地区有何区别；二是，半城市化地区乡村发展的现状和发展历程如何，空间和社会发生了哪些变化；三是，城中村的现状和发展历程如何，空间和社会发生了哪些变化；四是，以增加收入为目标的劳动力转移给流出地的乡村带来哪些新变化、新特点。

通过大量的研究与实证分析发现：首先，随着快速城镇化的不断推进，我国的乡村地区的社会、物质、经济等空间均发生了剧烈的变迁，并且随着区域间的发展差异，乡村发展也存在着明显的区域差别。其次，在半城市化地区，区位优势推动的城乡人口流动使得该地区的乡村出现了明显的城镇化和市民化的特征与趋势。再次，城中村作为快速城镇化推进过程中的阶段性产物，改造难度大，改造成本高，就地城镇化的模式不可避免；最后，中部欠发达地区的乡村由于缺乏发展动力，呈现出衰退的现象，"空心村"导致的经济社会问题愈发突出。本书4个案例的具体政策建议和经验可以为其他地区的乡村转型提供有益的借鉴和启示。但是，还需要研究更多地区的乡村转型案例，以丰富我国乡村转型的研究，为我国的乡村振兴战略提供有力支撑。

本书的撰写框架，主要观点以及最终定稿由罗小龙完成。本书的主要内容和分工如下：第1章为绪论，由罗小龙撰写。主要分析了乡村发展面临的宏观背景，从新型城镇化和乡村转型的角度，指出了开展乡村研究的重要性和意义。并对研究所要解决的问题、关注重点和研究框架予以明确。第2章由陈佳旻、韦雪霁、许骁撰写。从城镇化与农村劳动力转移、城镇化对都市区（流入地）空间影响、城镇化对乡村（流出地）社会的影响等方面对已有研究成果进行了梳理和总结。第3章由吴春飞、陈佳旻、刘晓曼撰写。通过挖掘大量数据和资料，对中国城镇化的发展历程进行了合理划分，并对城镇化进行中的人口迁移特征以及由此对乡村地区造成的影响进行了分析。第4章由陈佳旻、何瑞雯撰写。对半城市化地区农村居民的行为和迁居意愿等进行分析，针对这一类型地区的乡村城镇化进行了政策探讨。第5章由韦雪霁撰写。以问题为导向，对姜堰半城镇化地区发展过程中存在的问题和成因进行了梳理和剖析，并提出具有针对性的政策建议。第6章由吴春飞撰写。利用实地调研和走访获取的一手数据，对城中村这一特殊类型地区进行了实证研究，通过对居民满意度和改造方式的选择进行了探索。

第 7 章由田冬撰写。通过大量的田野调查，从城市化对乡村影响的理论视角，对中部地区远离城市的乡村地区衰退情况和社会变迁实证研究。第 8 章由罗小龙撰写。在总结研究主要结论基础上，从实证的角度为乡村转型提供借鉴经验和制定政策的理论依据，并对乡村转型发展研究还需完善的地方进行了展望。同时，感谢中国建筑工业出版社胡明安老师在本书出版过程中付出的大量辛勤劳动！

我们课题组对乡村的研究始于 2008 年，有着一定的积累。研究过程中，先后得到了国家自然科学基金项目（项目编号 41071107 和 41471133），以及中央高校基本科研业务费专项资金（项目编号 090214380018 和 090214330003）的资助，在此深表感谢！在研究过程中，部分相关成果陆续发表。本书中第 5 章部分研究成果在 2012 年《长江流域资源与环境》第 9 期上发表；第 7 章部分成果在 2012 年《地理科学》第 10 期上发表；第 6 章部分成果在 2014 年《城市发展研究》第 6 期上发表；第 4 章部分成果在 2016 年《上海城市规划》第 1 期上发表。

最后，需要指出的是乡村变迁和转型是历史的产物，而且现在还处于不断发展过程中。笔者以本书抛砖引玉，以期后续有更多更深入的研究，从而为乡村转型发展和乡村振兴出谋划策，促进我国新型城镇化和城乡统筹的建设。由于笔者水平和时间所限，本书肯定存在不足之处，敬请读者批评指正。

罗小龙

目　　录

第1章 绪 论

1.1 选题背景

近年来，我国城镇化、工业化取得巨大成就，城镇化率超过 50%，国民经济产值跃居世界第二位。但是与此同时，也出现了诸多问题，例如区域发展不平衡，城乡差距不断扩大。在新常态的时代背景下，为了促进区域协调发展、缩小城乡差距，我国从国家战略层面做出了新的调整，而新的发展背景无疑影响着乡村转型发展方向的宏观环境，具体表现为以下三个方面。

1.1.1 快速城镇化加速城市扩张

2000 年以来，随着我国城镇化进程进入第四波，我国城镇化水平不断提升。改革开放初期，我国城市数量 193 个，城镇人口比重仅为 17.92%，经过 30 多年的快速发展，城镇数量已从 1978 年的 193 个增长为如今的 653 个，而城镇化率上升至 54.77%（2014 年），这标志着我国已进入城市化时代。随着城镇化的快速推进，我国城镇建成区不断扩张。在"大中小城市和小城镇协调发展，提高城市综合承载能力，按照循序渐进、节约土地、集约发展、合理布局的原则，积极稳妥推进城镇化，逐步改变城乡二元结构"的新型城镇化方针引导下，我国城镇建成区已形成较大规模，据统计，2013 年城市建成区面积为 4.79 万 km²，县城建成区面积为 1.95 万 km²，建制镇建成区面积达到 369 万 hm²。与此同时，城市扩张依然保持较快速度，投入到城镇建设的资金越来越多，2013 年城市市政公用设施固定资产完成投资 16349.8 亿元，比上年增长 6.89%，其中，道路桥梁占 51.1%。由此可见，我国城镇建成区面积仍将不断扩大。

1.1.2 "三农"问题备受关注

"三农"问题是中央关注的焦点。2004～2015 年中央一号文件已连续 12 年关注"三农"问题，这一是为了解决因城乡二元体制造成的农村发展滞后，政策长期偏向；二是为了解决因城乡"剪刀差"的扩大造成的农民人均纯收入连年增长缓慢，城乡贫富差距不断扩大，进而"农村真穷，农民真苦，农业真危险"的状况。随着政府对"三农"问题重视程度的提高，先后出台了减免农业税、实行种粮补贴、免除乡村义务教育学费以及稳定农业市场生产资料价格等一系列的全国性惠农、支农政策，促使我国农村条件逐步得到改善。然而，随着农村经济社会的发展，"乡村变迁"问题逐渐受到重视，空心村、城中村等诸多现象得到了广泛的关注。例如在大城市郊区的乡村，正在经历不完全城市化，即半城市化。这些乡村是城市建设最为活跃，城乡联系最为密切的地区，同时也是最为复杂的地区。又因为关系到广大农民的切身利益，所以"乡村变迁"引起了社会各界的广泛关注。

1.1.3 新型城镇化成为时代主题

乡村作为人类生活居住的主要聚落之一，长期以来处于自发演化的状态，但随着经济社会的发展，原有的城乡二元结构逐渐被打破，乡村变迁愈演愈烈。城镇化的一个重要途径就是加快农村人口向非农人口的转变。目前吸引农村劳动力不断向城镇积聚的城镇化模式，虽然使得城镇化速度得到了很大提高，但没有从根本上解决"三农"问题，也影响着城镇化质量。例如，2008 年我国公布的城镇化率达到 45.7%，但其中的城市人口包括在城市工作生活半年以上的农民工，他们并没有完全被市民化，其数量至少达 1.2 亿人。同时，由于这部分人大多为农村人口中的"精英"，其过度流失给农村地区，尤其给欠发达地区村庄社会发展带来了巨大影响。

2014年3月，国家多部委联合出台《国家新型城镇化规划2014～2020》，这表明城镇化上升为新时期的国家战略。新型城镇化建设的目标之一是形成以城市群为主体、特大城市和大城市为支撑、中小城市为依托、小城镇为纽带、新型村庄为基础的城乡空间格局。但是当前，许多乡村，尤其是半城市化地区，正遭受着城市扩张的冲击，出现了空间碎化严重、空间利用无序、规划管控困难等诸多发展问题。因此，促进城乡空间优化与高度融合，盘活挖潜空间资源，促进城乡持续发展显得尤为重要。另一方面，新型城镇化的特征是以人为核心。对于半城市化地区，如何让农民"就得了业"、"住得到房"、"看得起病"、"转得了型"成为学术界和社会关注的焦点。

1.2 研究意义与案例选择

1.2.1 研究意义

在快速城镇化的进程中，我国广大乡村地区出现了翻天覆地的变化。本书在新型城镇化的政策背景下，从乡村的角度，研究中国乡村变迁以及乡村转型发展具有重要的理论意义和实践意义。

1. 理论意义

（1）进一步丰富城镇化的研究

我国城镇化处于快速发展阶段，但是大部分文献研究是基于城市的视角来分析城镇化，从乡村视角的研究并不多。本书从乡村变迁的视角，通过多个案例的研究，丰富和完善城镇化影响研究理论。

（2）深化对乡村转型的认识

伴随着我国城镇化的快速推进，我国乡村发生着巨大的变迁。通过对乡村在空间、社会等方面变迁理论的概括和总结，全面分析乡村转型的状况和趋势，探索乡村衰退的机制、特征、问题等，深入探索乡村可持续发展的客观规律，深化对乡村转型的认识。

2. 实践意义

（1）为乡村转型制定因地制宜的政策提供借鉴

本书以案例实证为研究对象，系统探讨城镇化进程中乡村转型的内在机理。通过提出乡村转型发展，进一步遏制区域内空间的不平衡发展，引导村庄聚落合理集聚，整合贫困地区空间结构，实现乡村聚落科学合理发展。从而为新农村建设和城乡统筹工作提供科学可靠的依据和行动指南，并为有关管理部门制定和解决乡村贫困和行之有效的农村发展政策提供决策支持。因此，该研究对于乡村转型提供政策建议具有一定的现实意义。

（2）为新型城镇化的落实增添人文关怀

新型城镇化的核心要求是人的城镇化，其核心价值是"以人为本"，是要追求人的自由全面发展的城镇化，是"质量型"的城镇化，也是城镇和乡村协调发展的城镇化。因此，本书通过对乡村转型中农民社会变迁的探讨，以新型城镇化和城乡统筹为目的，增加对乡村农村居民的人文关怀。

（3）为城镇化中的户籍和土地政策创新提供启示

户籍和土地是城镇化的核心问题。在乡村转型过程中，户籍和土地政策是改革的深水区，也是农民最关心的问题。本书通过对农村地区户籍和土地政策，以及农民对政策回馈的研究，为城镇化中的户籍和土地政策创新提供启示，从而进一步促进乡村转型，实现城乡统筹。

1.2.2 案例选择

本书选择扬州和姜堰的半城市化地区乡村，泉州沿海发达地区乡村，以及长治欠发达地区乡村作为案例地，主要是基于以下几点原因：首先，所选择的乡村地区不同。从乡村所属的地区而言，扬州、姜堰和泉州属于东部沿海地区，而长治属于中部地区，另外，扬州、姜堰和泉州属于南方地区，而长治属于北方地区。其次，所选择的乡村距离大城市的距离不同。从乡村所在的区位而言，扬州、姜堰和泉州所选取的乡村位于城市周边，而长治所选取的乡村距离城市较远。第三，所选择的乡村发展方向不同。距离城市较近的扬州、姜堰和泉州的乡村未来是进行城镇化的土地空间，而长治的乡村未来则将保留乡村风貌。所以，本书选择的四个乡村具有一定的代表性和典型性，以此为实证案例来分析我国乡村转型问题，具有一定的说服力。

1.3 研究目标和问题

1.3.1 研究目标

本书探讨了在快速城镇化进程中，乡村发展发展的问题。总体而言，本书有三个主要目的。首先，运用城镇化和乡村转型等理论，分析城镇化对乡村变迁的影响。其次，梳理我国城镇化总体历程和乡村变迁的过程，从而分析人口迁移对乡村地区的影响。第三，以扬州、姜堰、泉州和长治四个不同地区，不同类型的乡村为研究对象，梳理乡村变迁的过程，探讨乡村转型的趋势，着重关注乡村在空间变迁和社会变迁方面的变化，从而研究大都市周边半城市化地区，欠发达半城市化地区，东部沿海地区，中部欠发达地区的乡村转型问题。

1.3.2 研究问题

立足研究目标，本书提出以下 4 个具体的研究问题：

（1）乡村出现了哪些变迁？这些新变化、新特征在不同地区会有什么区别？

为了回答这个问题，笔者认为必须着眼于以下几个方面：首先，乡村在城镇化的浪潮下，受到了哪些波及？其次，从乡村内部而言，其在哪些方面出现转型发展？再次，这些变迁在不同地区有什么差别？

（2）半城市化地区乡村的现状和发展历程如何？空间和社会发生了哪些变迁？

要回答这个问题，需要澄清以下几点：首先，半城市化地区乡村经历了哪些变迁？其次，社会空间转型发展有什么特征？在经济、社会方面分别有什么特征？再次，物质空间转型发展有什么特征？在房屋、田地方面分别有什么特征？

（3）城中村的现状和发展历程如何？空间和社会发生了哪些变迁？

解答这个问题，需要通过探讨城中村的形成过程，分析其空间和社会上发生了哪些变迁？另外，还要进一步研究居民在居住上和生活上发生了什么变化，对于居住环境和生活方式有怎样的诉求？

（4）以增收为目标的劳动力转移让流出地乡村产生哪些新变化、新特征？

解答这个问题，需要通过探讨欠发达地区乡村社会特征，从而分析当地社会变迁的状况，以及当地出现了哪些新特征？再通过分析社会变迁的机制，探索乡村变迁的效益，从而更全面地分析劳动力流出乡村的变迁状况。

1.4　研究框架和方法

1.4.1　研究思路和框架

本书以四个地区的乡村为案例，分析我国乡村转型发展的现状、问题和趋势。具体的研究思路如下：

在理论研究方面，对城镇化和乡村转型发展进行理论综述，分析城镇化对乡村转型发展的影响。在实证研究方面，通过对典型乡村地区的实证分析，研究不同类型乡村的变迁状况，进而探讨乡村转型的一般规律。

本书根据以上的选题背景、研究目标和研究思路，制定如下研究框架（图1-1）。

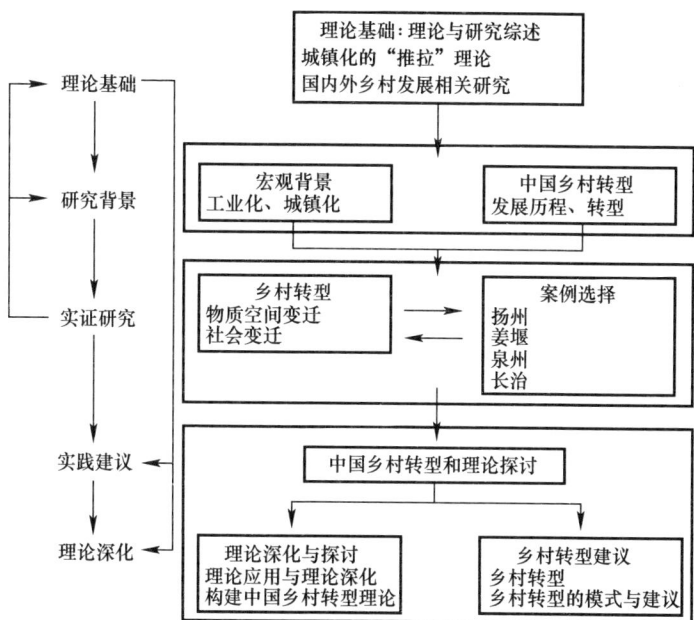

图1-1 研究框架

1.4.2 研究方法

本书采用实证研究的方法，对4个案例地进行深入调研。主要包括现场踏勘，问卷调查和实地访谈三种方法，研究中多种方法的运用有利于笔者从多个角度来验证研究成果。另外，笔者还利用比较分析的方法，分析不同地区乡村变迁的差别，从而全面而深入地分析我国乡村转型的情况。

现场踏勘：笔者结合在扬州、姜堰、泉州开展的规划工作，对这些地区的乡村地区进行现场踏勘。另外，专门前往长治乡村地区，运用参与式观察的方法了解当地乡村变迁的现状。

问卷调研：通过深入农户，以问卷的方式获取农户家庭基本信息数据。以家庭户主或者留守人员为主要问卷发放对象，就乡村内有关人员外流、养老以及乡村变迁感知等话题进行面对面交流，将所获取信息针对研究内容进行梳理和提取，进而从深层次分析乡村变迁现象。

实地访谈：在过去6年中，课题组先后对扬州、姜堰、泉州和长治等地区的乡村进行实地调研，对村镇管理人员、规划师、村民等相关人员开展了充分访谈，对当地乡村变迁的历程以及转型存在的问题进行了解。

比较分析：由于中国农村地区千差万别，所以为了全面地研究我国乡村地区转型的情况，需要对不同地域不同类型的乡村进行比较研究。

1.4.3 数据获取

本书中的数据和资料主要来自于实际调研的一手资料和收集的二手资料。2008～2014年，笔者通过实地调研，较为全面地了解4个案例地乡村转型发展的特征。通过问卷调查的方法，在4个案例地收集了较为丰富的一手资料。另外，结合笔者参与的规划项目以及大量的地方规划实践，笔者不仅收集了关于乡村转型有用的信息，而且加深了对案例地乡村地区的认识。

除了上述通过实地调研获取的一手资料，笔者还收集了大量二手资料，包括书籍、城市年鉴、统计年鉴和研究论文等。这些资料有助于笔者理解乡村转型发展的社会经济基础。此外，研究利用了很多政府公开的信息，例如各地历年统计年鉴、各年政府工作报告和五年计划，各级政府发展意图和相关政策等，从而分析研究区域的相关经济和社会数据。实地调查中，笔者还收集了跟研究有关的各市域内的各类规划，例如城市总体规划，镇村布局规划，城乡统筹规划等。这些信息为调查研究提供了有力的论据支撑，而且从不同渠道获取的数据和资料有助于笔者对这些信息进行甄别。

1.5 本书章节安排

本书在内容安排共分8章。具体如下：

第1章为绪论。分别从城市扩张、乡村变迁和新型城镇化的角度介绍了我国半城市化地区乡村变迁的背景，进而明确了研究意义、研究目标与研究问题、研究框架和方法，最后介绍了本书的章节安排。

第2章为研究的理论基础。首先引介本研究采用的理论视角——城镇化理论，对其形成的时代背景、理论来源、内涵以及相关应用研究进行较为全面的解读。然后，将国内外对于城镇化和乡村发展相关研究内容进行了归纳和梳理，为本研究提供有借鉴价值的理论和方法。

第3章为中国城镇化总体历程和乡村发展。包括介绍中国城镇化的近况、城镇化过程中的人口迁移，以及人口迁移对乡村变迁的影响。本章主要介绍作为人口流出地，乡村发展面临的困难，也提出了乡村转型的原因。

第4章～第7章为实证研究部分。主要对扬州、姜堰、泉州和长治四个不同地区，不同类型的个案进行详细的实证研究。主要从空间变迁，社会变迁等角度对乡村发展进行归纳和分析，总结转型规律。

第8章为结论。对中国不同地区不同类型的乡村转型进行思考总结，尝试提出具有普适性的规律和模式。另外，还为本课题下一步研究指出发展方向。

第2章 概念界定与相关理论综述

2.1 相关概念界定

本书主要以城镇化及其相关理论为基础，研究城镇化过程中的乡村转型。在对学术界所做相关研究进行综述之前，在此先对有关概念进行界定。

（1）城镇化

"城镇化（urbanization）"作为一个术语，早在 1867 年，西班牙巴塞罗那城市规划师 A·塞尔达的《城市化概论》一书中就有所提及。地理学所研究的城镇化一般是指一个地区的人口在城镇和城市相对集中的过程。城镇化也意味着城镇用地扩展，城市文化、城市生活方式和价值观在农村地域的扩散过程。从社会学的角度来说，城镇化就是农村生活方式转化为城市生活方式的过程❶。

（2）半城市化地区

国外学者对半城市化地区的研究由来已久，并为这一地域的研究创造了很多新词，例如边缘城市（Edge city）、外部城市（Outer city）、区域城市（Regional city）、城市腹地（Urban hinterland）等。自从 J. L. Scarpaci 于 1992 年首次使用"半城市化"（Peri-urbanization）这一概念（J. L. Scarpaci，1992），学术界和社会开始广泛地使用这一概念。半城市化地区可定义为形成于城市建成区边缘、城乡土地利用混杂交错、社会经济结构急剧变化的过渡性地域类型，这些区域在空间特征、景观、经济、社会结构

---

❶ 百度百科 http://baike.baidu.com/view/102584.htm

等方面往往具有更多的城市特征（D. R. Webster，L. Muller，2002）。

（3）劳动力转移概念

伴随城镇化发展，农村劳动力的转移成为必然。农村劳动力转移是指农村劳动力向非农产业的转移。由于非农产业主要区位在城市（镇），且在经济欠发达地区无法像苏南地区实现大量农村劳动力的就地转移（离土不离乡，进厂不进城）。因此，劳动力空间上的异地转移成为欠发达区域实现劳动力转移的主要形式。结合案例地社会经济情况，本书研究中的劳动力转移主要是指在空间上的转移。

（4）乡村转型

乡村转型发展，即快速工业化和城镇化进程中因城乡人口流动和经济社会发展要素重组与交互作用，并由当地参与者对这些作用与变化作出响应与调整而导致的农村地区社会经济形态和地域空间格局的重构，主要涉及村镇空间组织结构、农村产业发展模式、就业方式、消费结构、工农关系、城乡关系和城乡差别等方面的转变（龙花楼，邹健，2011）。

（5）城中村

城中村是指在城市边缘区或近郊的村庄，在城镇化快速推进的过程中，全部或大部分耕地被征用，村庄被城市建成区所包围，农民转为居民，却仍居住在原村落，亦称为"都市里的村庄"（房庆方等，1999；魏立华，闫小培，2005）。

2.2 国内外研究进展综述

快速城镇化不仅改变着城乡空间格局，而且也深刻影响着城乡经济社会的发展。学术界对其也进行了大量的理论探讨和研究，本书将分别从城镇化与农村劳动力转移，以及城镇化对城市、乡村地域的影响三大主线对相关研究进行理论回顾和梳理，为实证研究提供理论框架。

2.2.1　城镇化与农村劳动力转移

国内外有关城镇化与劳动力转移关系研究十分深入，国外较为经典的理论研究是刘易斯通过对发展中国家经济结构的划分，把经济增长、城镇化发展与劳动力转移结合起来，创建二元经济结构理论。此外，也有学者从微观层面进行了充分的研究，认为劳动力跨区域转移对加快农村城镇化发展，提升落后地区的城镇化水平具有积极的意义（Wilson，1971；Gannon，1973）。国内研究大致可将其观点分为两类：部分学者认为城镇化与劳动力转移是一个过程的两个方面，城镇化与劳动力转移之间存在着正向相互反馈效益（夏德孝，张道宏，2008；范建勇等，2004；张聪群，2006）。而另外一种观点则从国内城镇化面临的实际情况出发，通过对劳动力转移与城镇化本质的探讨，进而尝试建立国内城镇化的二元阶段论，其主要观点是我国城镇化包括两个阶段：第一阶段是富余劳动力进城务工，即实现农村劳动力转移；第二阶段实现农民工的市民化（唐国芬，2006）。也有学者认为国内城镇化正在经历着第二次转型，其转换模型的建立也是基于劳动力转移速度与城镇化水平的合理外推（张立，2009）。近年来，农村外出务工人员回流现象正在逐步凸显，这或许将成为农村剩余劳动力转移的新趋势。

虽然不同学者的核心观点存在差异，但对农村劳动力转移与城镇化之间的必然联系均持肯定态度，即劳动力转移可以作为城镇化的一个表征。

2.2.2　城镇化对都市区（流入地）空间影响研究

1. 国外研究进展

以 Elsivier 文献库的 sciencedirect 为引擎，对有关城镇化对城乡地域影响研究文献进行搜索发现，国外此类研究更多地集中在空间景观方面，对于城镇化进程中出现的迁移、土地转换、社会问题等研究多以发展中国家作为案例地进行研究。

西方发达国家大规模的城镇化是在 20 世纪 30 年代以前，伴随着工业化过程发生。城镇化已经进入大都市时代，是以城镇化水平稳定和城市空间结构变化显著为特征（范建勇、王立军等，2004）。因此，更多研究的视角放在城镇化作为空间景观转变的动力之上。Isabelle Poudevigne 等（1997）在乡村空间景观影响机制研究中指出，城镇化作为影响景观变化的主要驱动因素之一，主要在于改变景观的组织结构。Solon J（1990）在对华沙都市区空间景观变化进行研究时也指出，城镇化对景观直接或间接的影响是多方位的，在对郊区景观研究中指出，快速而不加控制的城镇化，往往会带来结构和景观功能的变化。在此类研究中，还有不少学者采用景观指标结合梯度分析的方法，通过选取具体案例地，来说明城镇化对城市和地区空间景观变化的影响（Medley，K. E. et al.，1995；Jenerette，G. D.，Wu，J.，2001；Abdullah，S. A.，Nakagoshi，N.，2006；Zhang，L.，2004；Hahs，A. K.，2006）。Deng 等（2009）通过借助 Fragstats 软件建立空间指标，分析了快速城镇化带来了土地利用的改变，指出城市以前所未有的规模和速度在扩张，进而影响着景观格局。Weng（2007）借助 Fragstats 分析软件对多个城市 1968～2000 年空间景观变化分析认为，土地利用的多样性、景观碎化程度与城镇化程度成正相关。Marc Antrop（2004）在研究欧洲城镇化进程和景观变化时指出，在城市人口爆炸式增长的同时，农村开始被遗弃（abandoned）。

2. 国内研究进展

国内学术界有关城镇化对城市发展影响的关注较多，研究角度和涉及的领域较为广泛。笔者通过对大量文献进行认真梳理，将主要从城镇化对城市经济的影响、社会的影响和空间演化的影响三大维度分别进行综述。

（1）城镇化对城市空间影响研究

城镇化对城市空间影响研究可分为城市外部研究（即将城

市看做点）和城市内部空间研究，基于本研究关注视角和作用对象划分，现只对城市内部空间影响研究进行综述。城镇化对城市空间最直接也是最主要的一个影响就是造成城市空间的扩展（刘志玲等，2007；张宁等，2010），集中表现为城市边缘区的扩张和城市内部水平和垂直结构的变化（牟凤云，张增祥，2008）。

由城镇化快速推进造成在城市边缘区出现的用地布局混乱、交通拥挤、环境污染、功能区混乱、空间格局不清晰等"大城市病"问题的出现以及空间优化研究也越来越受关注（刘向阳等，2008；王发曾，唐乐乐，2009）。陆大道（2007）在对我国二十多年城镇化进程研究分析后指出，与我国人口城镇化出现大量水分而城镇化发展质量差形成鲜明对比的是，"土地城镇化"的速度过快，城市扩展开始失控。张换兆（2008）指出，城镇化的快速发展、经济总量的提升，加速着城市空间的扩大，并构建出缓解城市空间扩展的城镇化与土地集约利用模型，对实现城市经济的健康发展具有重要理论指导意义。田莉等研究了半城市化地区土地利用的时空模式和形成机制，认为城市化是其主要的动力（田莉等，2011）。沈建法（2006）从尺度理论视角，分析了改革开放以来我国城镇化尺度调整，对城市空间组织和城市发展的巨大影响。

在我国城市扩展过程中避开近郊农村居民点，利用开发成本相对较低的农地、空地进行城市新区开发，造成城市包围农村，城乡混杂的二元城市景观和空间结构的现象，即"城中村"现象（仝德，冯长春，2009），开始受到学术界广泛关注。中国"城中村"现象出现于20世纪90年代中后期，是快速城镇化进程中的产物（闫小培等，2004）。谭启宇等（2005）对城中村动力机制分析时也指出，城镇化是城中村形成的主要外动力。也有学者认为，"城中村"本身就是一种具有中国特色的城镇化模式，它为进城农民工实现"人的城镇化"创造了条件（谭启宇等，2005）。

（2）城镇化对城市经济、社会影响研究

此类研究主要集中在农村流动人口向城市集聚对城市经济所产生的贡献，以及外来人口与城市社会的冲突和融合两大方面（张永丽，黄祖辉，2008）。

1）人口迁移与城镇化

郁文凯等（2008）在产业集聚和城镇化互动研究中认为，由城镇化推进引起的产业集聚，必将带动非农产业人口向城市集聚，进而带动工业品市场扩张，成为推动经济高速增长的主要动力。蔡昉、王德文等（1999）通过实证研究表明，农村流动劳动力是中国近年来经济持续快速增长的重要源泉。王桂新（2005）也通过改革开放以来二十多年的数据计量分析表明，中国省际人口流动是促进我国东部地区快速发展的重要因素。刘乃全（2005）通过建立分析框架并结合实证，表明农村劳动力流动对流入地经济发展贡献一直保持着较高水平。但随着我国经济结构调整和企业转型的影响，农村劳动力与城市社会的冲突问题引起学术界的广泛关注。蔡昉、王桂新（王桂新，2005；蔡昉等，2003）通过调查分析，认为农村流入人口和城市人口在就业上是互补而非竞争替代关系；黄宁阳等（2009）也通过对全国城镇劳动力供给与需求指标数据分析，发现城镇失业率与农村劳动力向城镇转移数量没有显著相关性。但随着大量农村劳动力的进入，对城市的用工制度和福利体制造成了重大冲击，将极大促进我国统一劳动力市场的形成和发育（蔡昉等，2003）。此外，农村流动人口进城之后融入城市也成为学者们关注的焦点。

2）农民工市民化研究

目前，农民工市民化问题已经成为学术界研究的热点问题之一。张铁军等指出，农民工市民化是社会经济发展的必然趋势，但在我国城镇化进程中，农民工市民化在诸如住房、教育、就业等方面还受到限制，不能像西方国家那样从农民彻底转变为市民，而要先经过非农化，再转变为市民（周兢，2009；张铁军，唐利，2009；胡平，2005）。张立（2009）以二元城镇化理论为基础，通过建立城镇化的二次转换模型，认为随着城镇化进程加快，城镇化的第二个转型期已经成为可能，即进城务工农民向市民转变。而社会保障的缺失，成为了农民工市民化的最大障碍（夏丽霞，高君，2009）。

2.2.3 城镇化对乡村（流出地）社会的影响

1. 国外研究进展

西方国家关于城镇化对乡村影响也有较深的理论研究。马克思早在1858年的《政治经济学批判》一书中就指出：现代历史是乡村城镇化。1954年，刘易斯（W. A. Lewis）创立的二元结构理论，把发展中国家的经济结构概括为现代工业部门和传统农业部门，较好地解释了农村人口向城市流动的问题。在1961年，费景汉（John C. H. Fei）和拉尼斯（G. Ranis）对此理论进行了补充。到了1969年，美国著名的发展经济学家托达罗（M. P. Todaro）又提出"托达罗模型"。他用"期望收入"来分析发展中国家农村劳动力向城市流动现象，并指出要注重农业和农村自身的发展。总体而言，发展中国家城镇化进程中乡村工业化（Iiang Zal et al.，2002）、乡村人口向城市迁移的研究（Liu，2008；Ma，1999；Rozelle et al.，1999；Zhang et al.，2004），是目前为止国外地理学者、社会学者、经济学者关注的主要焦点。也有学者指出，在发展中国家快速城镇化进程中，存在乡村人口正在被边缘化、环境遭到严重破坏、农用地加快向非农用地的转换、城乡差距不断扩大等负面影响（Gutman，2007；Hualou Long et al.，2009）。

2. 国内研究进展

在我国各项体制改革推进过程中，尤其随着户籍制度、城市就业管理制度逐渐放宽，城镇化方针政策不断调整，引发的一系列新现象、新问题和新趋势，为我国城镇化研究提出了客观要求和宏观背景。但由于我国国土辽阔，区域差异较大，以及城乡空间距离等原因，城镇化对农村地域影响也具有很大差别。由于学者们关注的视角和关注的区域不同，在研究的内容上也存在很多差异。笔者通过对大量文献查阅和梳理，从城镇化发展对人口流出地（农村）造成影响的相关研究进行了综述。

（1）城镇化对乡村空间影响

在此类研究中，邢谷锐等（2007）从城镇化进程中，城市用地扩展、城乡人口流动、产业结构变化、基础设施建设以及居民观念转换等五大方面对乡村空间演化的影响进行了细致的理论分析，并结合乡村自身发展趋势和城乡空间演变特征的差异，对乡村聚落空间演化类型进行了划分。陈晓华等（2008）也通过对乡村产业经济空间，以及工业布局等新特征分析，进一步论证了城镇化高速发展正在重塑着我国乡村空间格局。王军（2008）在江苏省人口城镇化与空间组织互动机制研究中，也指出人口城镇化是空间结构的演化动力与形式，不断改变着空间的分布状态与组合形式，其中包括由农村、乡镇向城市逐渐转变。

此外，伴随我国城镇化的快速推进，对乡村聚落空间影响最为显著和较为普遍的一个现象——村庄空心化越来越受到学者们的关注。这也成为近年来有关城镇化对乡村聚落空间影响研究的焦点。农村空心化是指城乡转型发展进程中农村人口非农化引起"人走屋空"，以及宅基地普遍"建新不拆旧"，新建住宅向外围扩展，导致村庄用地规模扩大、原宅基地闲置废弃加剧的一种不良演化过程（刘彦随等，2009）。地理学在对农村空心化的研究主要集中在宏观层面问题和相关对策，对区域类型、阶段特征和动力机制也做了一定探讨。

1）空心村影响因素分析

在对空心村的影响因素研究中，不同的学者由于理论视角，以及研究尺度和区域的差异，对其表述不尽相同。但不论是从经济因素和观念因素，以及制度因素着手分析（杨永芳等，2007），还是从客观因素、主观因素和环境因素介入研究（李俊民，倪红雨，2009；王成新等，2005），以及从经济、自然、社会文化、制度和管理等方面切入（龙花楼等，2009），都不外乎由农村非农化发展引发的变化与小农意识，以及各类相关制度规划缺失之间的矛盾造成。也有学者通过进一步提取要素，构建出农村聚落空心化结构模型（程连生等，2001）。

2）空心村演进的动力机制研究

在对空心村动力机制研究中，由于学者们对主导驱动因素认知侧重不同，关注的尺度和视角存在一定差异。刘彦随从大的城乡二元结构尺度来进行分析，认为空心化是由于农村自身管理的不完善造成宅基地无序扩展的内生驱动力和城镇化进程加快导致农村劳动力严重外流的外援驱动力共同作用的结果（刘彦随等，2009）。程连生从家庭预算曲线和地价理论出发，认为空心化主要是由于低建筑成本、低移动成本和低土地成本共同驱动的结果。此类观点客观地反映了我国农村宅基地空间快速蔓延的根本所在，但忽略了城乡差距对农村地域系统的外在影响（程连生等，2001）。也有学者认为，空心化是由于农户主体行为导致，即在建房意识增强、建房能力提升双重驱动下与相应监管调控政策缺位造成的（龙花楼等，2009）。

3）空心村发展演化阶段（周期）研究

薛力（2001）在分析江苏省空心村时，按空心村的发展程度将其分成初期、中期、晚期三个发展阶段并与苏北、苏中和苏南三个区域相对应。王成新等（2005）也将空心村的发展演化分为初期、中期、晚期三个阶段，但将其对应于某一特定村庄的20世纪80年代、90年代和21世纪初三个时期。程连生等（2001）在研究太原盆地农村聚落的基础上，提出了村核带增长过程、村核带膨胀过程、缓冲带增长过程、缓冲带膨胀过程和新扩带增长过程等5个空心化过程模型。龙花楼等（2009）基于宅基地用地特征，对城乡接合部的空心化村庄发展阶段进行了建模，并提出其包括实心化、亚空心化、空心化和再实心化四个阶段。刘彦随等（2009）通过对完整的农村空心化过程追踪，认为通常经历出现、成长、兴盛、稳定和衰退（转型）期等阶段，因内外部因素的作用差异，不同时期长短不一，还可能出现一些波动起伏。

4）空心村类型研究

程连生等（2001）在对太原盆地东南部农村聚落空心化机理分析中，根据应力方向不同，将本区内村庄划分为环状空心化、扇状空心化和带状空心化三大类型，并根据促发要素的情况，将空心村潜育环境划分为最易空心化型、较易空心化型、平易空心化型、较难空心化型、最难空心化型五种难易程度不同的类型。龙花楼等（2009）通过对空心村诊断机理和影响因素的分析，从村庄产业经济特征、空心化程度、空废宗地集聚度三个维度将空心村划分为外出务工型集中高度空心化、外出务工型分散高度空心化、外出务工型集中低度空心化、外出务工型分散低度空心化、农业主导型集中高度空心化、农业主导型分散高度空心化、农业主导型集中低度空心化、农业主导型分散低度空心化、非农产业主导型集中高度空心化、非农产业主导型分散高度空心化、非农产业主导型集中低度空心化、非农产业主导型分散低度空心化等 12 种类型。

（2）城镇化对农村社会经济影响研究

学术界对此类研究存在很大的争议，且多从宏观层面对其进行探讨。有学者认为，城镇化引起农村劳动力结构巨大变化，造成农村"精英"大量流失（石磊，2005），整体劳动力素质下降（曾绍阳，唐晓藤，2004），基层政府对农村人力资本投资兴趣降低、现代农业发展与新农村建设受阻等（徐辉，2008）。有的学者认为，城镇化使输出的资源配置趋于合理，在减少贫困、促进社会稳定等方面有积极意义（都阳，朴之水，2003；马忠东等，2004）。尤其是乡村城镇化的发展，既有利于带动乡村经济，也促进了乡村居民生活方式和思想观念的城镇化（林初升，马润潮，1990）。整体来看，研究多以描述性为主，涉及内容较为广泛，侧重于宏观区域探索，针对村庄等小范围研究较少，且缺乏系统规范性研究。

（3）城镇化与乡村转型发展研究

2005 年中国共产党十六届五中全会通过《十一五规划纲要建议》，提出要按照"生产发展、生活宽裕、乡风文明、村容整洁、管理民主"的要求，扎实推进社会主义新农村建设。之后我国对乡村转型和发展的研究主要以新农村建设为目标，而对于城镇化与乡村发展的研究也多集中在城镇化与新农村建设的关系探讨上。一些研究者用辩证的观点，分析了城镇化与新农村建设两者之间密切的内在逻辑联系，他们较为一致地认为，城镇化发展对新农村建设具有积极意义（毛新雅，2007；李景国，2009）。不同之处在于，毛新雅（2007）主张通过迁移增长的城镇化方式来帮助农民脱贫，并为新农村建设创造前提；新农村建设反过来促进小城镇化发展。任志军等（2007）则认为，通过城镇化加快基础设施的现代化以及加强农业生产与市场的联系，以促进农业发展实现新农村建设，而农业的发展以及农村社会进步才是城镇化健康发展之前提。同时，城镇化与新农村建设是解决三农问题的重要途径这一观点也得到众多学者认同（毛新雅，2007；任志军，2007）。此外，也有学者从我国城镇化和新农村建设面临的本质问题入手，用统筹的思想对其协调发展进行了探索（刘雪斌，2006）。

2.2.4 研究评述

寻求城镇化发展模式，探讨我国城镇化发展规律，凝注城镇化进程中的新问题，是学术界长期关注的焦点。通过对国内外城镇化与乡村发展相关研究文献进行综述，笔者发现学术界在城镇化与乡村发展研究中还存在以下方面，有待进一步研究。

首先，城镇化对人口流入地（城镇）的影响关注较多，忽视了其对流出地（乡村）影响的研究。目前，对城镇化与劳动力转移关系探讨理论成果十分丰富，对城镇化进程中出现的城市问题也有细致分析和探讨，对我国城市健康发展提供了理论参考。然而，对流出地影响的研究相对不多，相关研究刚刚开展，研究需要不断深入。

其次，乡村发展地域差异巨大，需要多类型分析。在乡村发展的研究中，多以城市近郊乡村以及平原地区案例为主。因此，需要加入不同地域和不同自然地理条件下乡村发展研究。除个别方面如农村空心化问题外，其余方面宏观描述性居多，如劳动力流失、失地农民民生以及新农村建设等方面，因此需要进行大量的实证分析。

第三，关于对乡村转型影响的机制探讨，基本停留在对相关影响因素的罗列上，缺乏对各个因素共同作用下综合作用的探讨。特别是如何形成和完善乡村转型的理论，道路依然漫长。

随着城镇化快速推进，乡村出现家庭小型化，传统功能弱化的现象，传统乡村正在经历剧烈的转型。而广大偏远农村地域乡村聚落衰退现象越发普遍。因此，深入探索不同类型乡村社会特征和其变迁机制，并判断不同类型乡村转型的路径将是本研究关注的焦点。

第3章 中国城镇化总体 历程和乡村发展

我国的城镇化经过了新中国成立以来60余年的发展,取得了令人瞩目的成绩。在城镇化发展、城镇人口增加、城镇用地扩张的过程中,大量乡村人口向城镇转移、乡村土地转化成为城镇用地,这给乡村的发展也带来了一定的影响。本章将首先梳理我国的城镇化进程,并对其中的人口迁移进行分析,最后总结得出人口迁移对乡村地区发展的影响。

3.1 中国城镇化的总体历程

自新中国成立以来,我国的城镇化发展取得了长足的进步。新中国成立之初,我国的城镇化率仅为10.64%,经过了60余年的发展,至2014年,城镇化率达到54.77%,城镇人口超过了乡村人口。在这60多年的发展浪潮中,我国的城镇化发展历经了涉及政治、经济、社会、文化等诸多方面的尝试与探索。通过对历史背景及城镇化发展特征的梳理与总结,将我国城镇化进程分为以下5个阶段:

(1) 1949~1978年:改革开放前的缓慢起步与反复阶段;

(2) 1978~1992年:改革开放到1990年代初的工业化主导快速城镇化阶段;

(3) 1992~2000年:1990年代中期的市场经济全面启动后的稳步发展阶段;

(4) 2000~2012年:1990年代末到党的十八大以前的城镇化成为宏观经济政策后的高速发展阶段;

(5) 2012年至今:党的十八大以来的城镇化转型发展阶段。

图 3-1 为新中国成立以来中国城镇化历程曲线（1949～2013）。

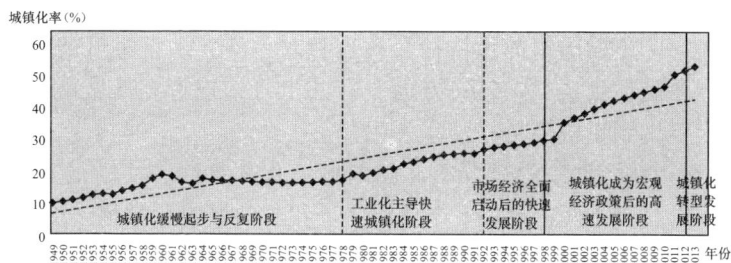

图 3-1 新中国成立以来中国城镇化历程曲线（1949～2013）
数据来源：历年中国统计年鉴；叶嘉安，徐江等（2006）。

在这 5 个发展阶段中，在我国政策制度背景、国际经济发展环境和自身城镇化发展水平的相互作用下，各阶段的城镇化发展特点均存在着明显的差异。下面将针对不同阶段的城镇化发展背景、水平、特点等方面展开分析。

3.1.1 城镇化缓慢起步与反复阶段（1949～1978）

我国在连年战事的影响下，城市和乡村均受到了大面积的摧毁性破坏，百废待兴。新中国成立之初，我国的经济社会建设处于亟待发展的状态，城镇化率低，仅达 10.64%。在新中国成立之初的 30 年间，我国政府受传统社会主义经济发展理论的影响，在"赶英超美"的发展目标下推行计划经济体制下的重工业建设，希望以此推动我国工业、城市建设。然而由于发展指导思想和发展路径不当，城镇化发展缓慢，城镇化率始终低于 20%。

在这一阶段发展的初期，随着三年经济恢复和"一五"时期的平稳过渡，我国的城镇化得到了相对稳定的发展。至"一五"末期，城镇化率达 15.39%。在随后的发展中，"大跃进"使得我国城镇化率一路飙升，至 1960 年，城镇化率达到 19.75%。然而此时由于社会经济基础薄弱，在强制工业化发展发展的城镇化为虚假的城镇化（苏小，金彦平，2013），这种弊端在后期的发展中逐渐凸显。随着"三年自然灾害"的发生，我国城镇化率一路下跌，而在 1966 年开始的"文化大革命"运动中，一方面国家的经济社会发展相对停滞，大批进城就业的农民重新回到乡村，另一方面更有几十万知识青年从城市"上山下乡"到乡村接受再教育（叶嘉安，徐江等，2006），在这一"逆城市化"现象的过程中，我国城镇化率始终在 17% 左右徘徊，并呈现下降的趋势，严重阻碍了我国的城镇化进程。图 3-2 为 1949～1978 年我国城镇化率。

图 3-2　1949～1978 年我国城镇化率

数据来源：1950～1979 年中国统计年鉴。

　　同时，在城镇化发展的质量方面，由于重工业化的影响，这一阶段的城市被单一地定位为生产中心（刘勇，2011），城市发展的重心放在工业生产方面。这导致城市功能不全，结构失调，严重地影响城市的健康发展。总之，改革开放前的城镇化发展处于缓慢起步与反复的阶段。

3.1.2　工业化主导快速城镇化阶段（1978～1992）

　　历经近 30 年的探索之后，我国政府逐渐意识到城镇化发展路径上的不足，并进行积极变革。1978 年我国实行改革开放政策后，将市场机制引入我国经济发展中，给城市和乡村的发展注入了新的动力，城镇化发展迅速提升，这一阶段城镇化率增加 10%，并呈现出稳步增长的趋势，我国的城镇化建设逐渐走向正轨。图 3-3 为 1978～1992 年我国城镇化率。

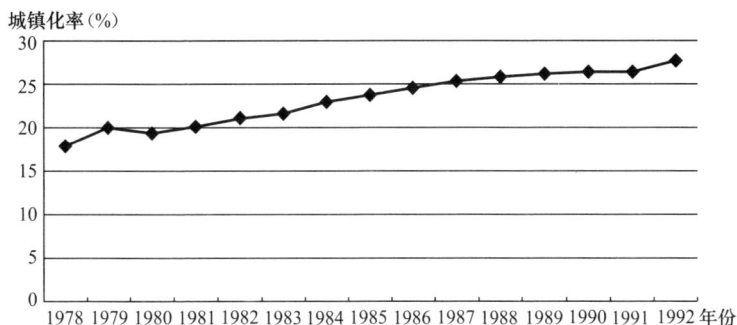

图 3-3　1978～1992 年我国城镇化率

数据来源：1979～1993 年中国统计年鉴。

这一阶段中，受全球化和市场化的影响，外资成为我国经济发展的主要推动力（叶嘉安，徐江等，2006）。在这一过程中，外资的推动力使得我国城镇化率快速增长。外资的进入为工业化发展提供了大量的就业岗位，吸引农民进城就业，并且企业的发展扩展到了乡镇地区，乡镇企业的发展进一步吸引了农民脱离农业生产。同时，乡村"承包联产责任制"的出现和农业技术的改革提升了农业生产力，解放了大量乡村劳动力，剩余劳动力的出现使得农民进城成为可能。这一时期的城镇化为"自下而上"的城镇化（李强，陈宇琳等，2012），发展较为平稳。然而，由于此时的城镇化为工业引导的城镇化，尽管城镇化快速发展，但仍严重滞后于工业化，城镇建设发展并不健康。同时，由于地缘和政策的差距，东部沿海地区的发展速度较快，中西部地区的发展较为缓慢，我国区域间发展的不平衡逐渐显现。

3.1.3 市场经济全面启动后的快速发展阶段（1992～2000）

随着改革开放十余年的稳步发展，至 1990 年代初，我国城镇化率达到 30％，开始进入城镇化的快速增长阶段。在接下来的十年中，城镇化水平持续增长，城镇化率的年平均增长率在 1‰左右，城市建设发展迅速。在这一阶段中，经济发展、资金积累和居民收入都经历了快速地成长，农民离开乡村进城务工依然是大势所趋，也是我国城镇人口增加的主要来源。图 3-4 为 1992～2000 年我国城镇化率。

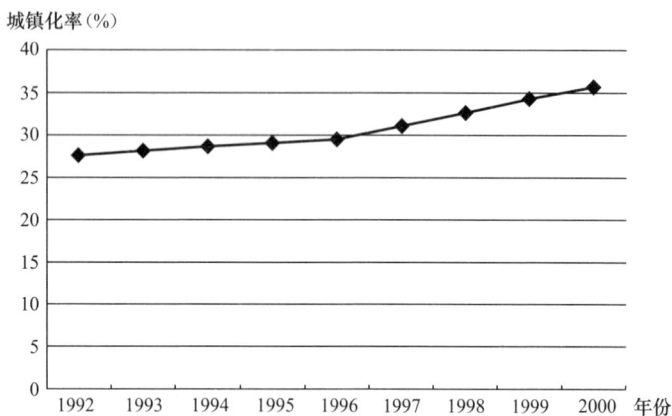

图 3-4　1992～2000 年我国城镇化率
数据来源：1993～2001 年中国统计年鉴。

除此之外，我国在这一阶段注重城镇空间的建设，因此城市空间的发展和重组为这一阶段城镇发展的最重要表现。在新的土地使用制度改革的推动下，我国土地改变了长期以来的无偿、无限期使用的制度，政府可以通过"招、拍、挂"等形式出让土地使用权（张立彦，2008）。这一方面为旧城改造、新区建设、基础设施建设等提供了大量的资金，加速了城市建设；

另一方面，土地出让的利益加速了城市土地开发的速度。在这一阶段中，旧城改造（张伊娜，王桂新，2007）、新区建设（方创琳，马海涛，2013）、工业开发区（刘卫东，彭俊，2001）、中心商务区（王如渊，李燕茹，2002）等大量开发和推进，城市的空间、结构和功能都得到了快速的发展，大城市、特大城市（石忆邵，1999）等逐渐形成。然而，这一阶段中的城市空间重组造成了城市的无序蔓延、耕地流失等问题，城镇化发展大多为粗放的发展模式。

3.1.4 城镇化成为宏观经济政策后的高速发展阶段（2000～2012）

2000 年以来，在过去五十年发展的基础上，我国城镇化建设在"量"的方面已经达到了稳定快速的发展。然而，长期的工业化发展策略使得我国服务业发展水平较低，同时粗放的发展模式也给城市带来了一系列的社会、经济问题。因此，我国政府在这一阶段的宏观经济政策发生了改变，城镇化发展也进入了新的阶段。图 3-5 为 2000～2012 年我国城镇化率。

城镇化率(%)

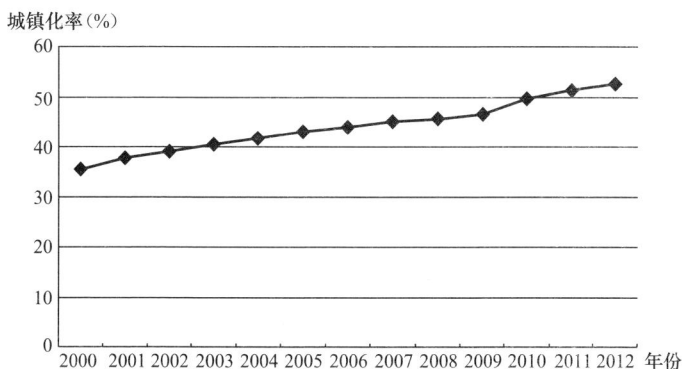

图 3-5　2000～2012 年我国城镇化率
数据来源：2001～2013 年中国统计年鉴。

27

在这一阶段，我国城镇化各个方面的发展方向均发生了改变。在经济建设中，生产性服务业成为我国经济发展的重点，包括金融、保险、房地产等专业服务业以及物流、交通运输等分配服务业（吕卫国，2010），以保障国民经济的健康发展、提高国际竞争力、缓解就业压力，并改善人民生活水平。在城市发展方面，区域概念备受重视，在城镇化密集地区逐渐形成一定意义上的城镇群、都市圈；在城市建设方面，各级城市掀起开发区、新城建设热潮，旧城改造加速进行，而由服务业带来的城市中心区转型升级、"退二进三"等也给城市空间结构的发展带来新的方向（周素红，刘玉兰，2010）。

3.1.5　城镇化转型发展阶段（2012以来）

在我国历经二十多年的快速城镇化之后，城镇化的数量和质量都取得了明显的进展。然而，之前的城镇化对速度的关注大于质量，伴随着城镇化的快速推进，各类社会、经济、制度等方面的矛盾也逐渐显现。城市的盲目扩张、土地利用不集约、城市交通问题、环境问题、城乡发展差距等问题已经严重影响未来城镇化的发展，这也是发展中国家必须经历的"阵痛"过程。

在发展问题倒逼城市转型的背景下，我国政府为解决这些问题，提出应注重城镇化的内涵式发展，要求城镇化的质量与速度并重，建设"以人为本、集约、智能、绿色、低碳"的新型城镇化（姚士谋，张平宇等，2014）。因此，在这一阶段，我国积极探索城镇化体制机制改革和创新，以城乡统筹、城乡一体、环境友好、生态文明、户籍制度改革为重点（单卓然，黄亚平，2013），推进城镇化的健康发展。

从上述对我国新中国成立后的城镇化历程梳理中可以看出，我国的城镇化历经了一个从量的积累到质的追求、从工业主导到服务业发展、从城市重心到城乡统筹的发展阶段，并取得了显著成效。在六十余年的城镇化进程中，人口的城镇化现象十分明显，大量乡村人口脱离乡村地区进入城市，这一过程伴随着大量的人口迁移。下文将对城镇化历程中的人口迁移进行细致分析，以探索城镇化历程中的城乡、人口关系。

3.2 中国城镇化中的人口迁移

我国新中国成立以来城镇化率的增加，一方面得益于人口的增长，另一方面表明我国出现了大量的人口迁移，尤其是由乡村流向城镇地区的人口迁移。相关数据显示，城乡间的人口迁移数量占我国人口迁移总量的近 80%，可以说，我国人口迁移过程中，绝大多数均为城乡间的人口迁移。因此，下文将对我国人口迁移的总体概况和特征进行分析，期望得出我国城镇化进程中的人口变化特征。

3.2.1 人口迁移的总体情况

伴随我国城镇化进程的加快，我国城乡之间、各省区之间的人口流动也愈加频繁和明显。为了解各地区的人口流动特征，我国在第五次、第六次人口普查时对人口流动进行详细调查，以得出我国各省市地区人口流动的相关数据和基本特征。图 3-6 为我国各省、市、自治区（不含港、澳、台）总流出、流入人口规模。

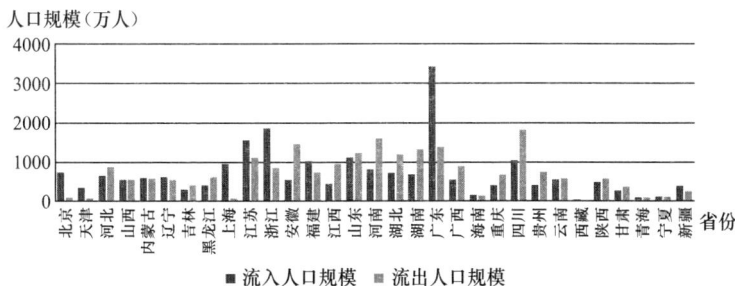

图 3-6 我国部分省（区）总流出、流入人口规模

数据来源：根据《第六次人口普查》整理。

从普查数据数值上看，我国的人口迁移流动总量十分显著。第六次人口普查数据显示，截至 2010 年，我国流动人口（人户分离人口减去市内人户分离人口）的数目达 2.61 亿人，占当时全国总人口的 17%。这部分人口以乡村向城镇的迁移为主，由此可见，乡村出现了大量的人口流失。从各省情况来看，除西部地区如青海、宁夏、西藏和海南以外，其余各地均呈现明显的人口流动（图 3-7、图 3-8）。

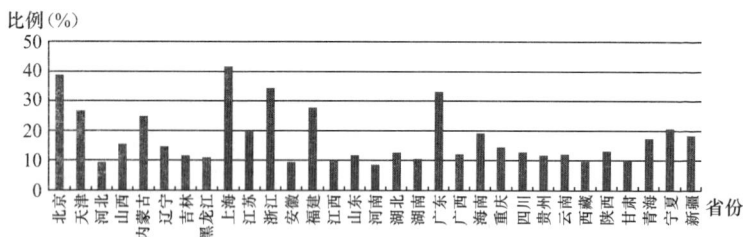

图 3-7　我国部分省流入人口占总人口的比例

数据来源：根据《第六次人口普查》整理。

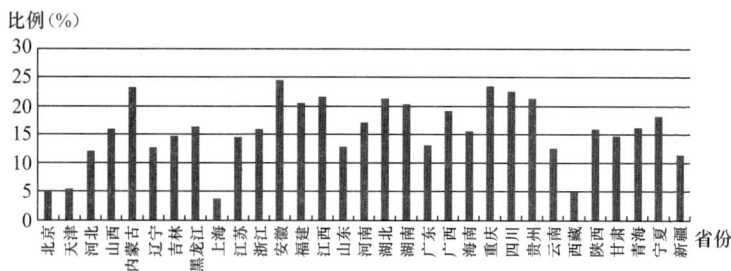

图 3-8　我国部分省流出人口占总人口的比例

数据来源：根据《第六次人口普查》整理。

3.2.2　人口迁移的数量增长

我国 2000～2010 年的十年间，流动人口数量得到了明显的增长。数据显示，2010 年我国流动人口总数为 26093.8 万人，比 2000 年"五普"时的 14439.1 万人增加了 11654.7 万人，流动人口增长 80.7%，远高于我国人口十年间 7.3% 的增速，十年内流动人口的总数迅速增加。从各省流动人口增速上看，陕西、上海、浙江、宁夏、天津、北京、青海、重庆、江苏等 9 省市流动人口增速均大于 100%。图 3-9 为 2000 年及 2010 年我国流动人口数量。

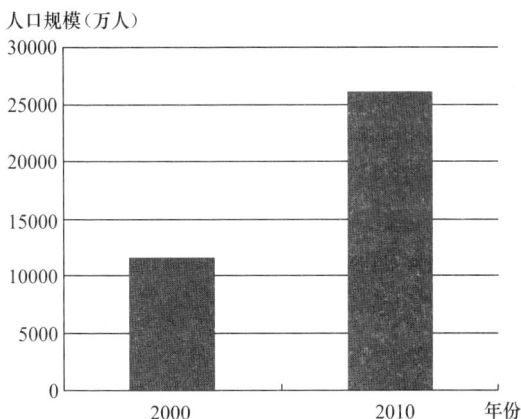

图 3-9　2000 年及 2010 年我国流动人口数量
数据来源：第五次人口普查、第六次人口普查。

从占全国总人口比例上看，流动人口占全国人口总数的比重由 2000 年的 11.6% 增长到 2010 年的 19.6%，年均增长 1% 左右。目前，我国每 5 个人中就有一个人为流动人口，这表明我国已经进入"移民时代"。

3.2.3　人口迁移的距离变化

按流动人口的迁移距离划分，我国的迁移人口可分为近邻流动、中程流动和远程流动（叶裕民，2010）。近邻流动指人口在县内或市内各乡、镇、区之间的流动；中程流动指人口在省内跨县、跨市的流动；远程流动指人口的省际流动。图 3-10 为 2000～2010 年我国流动人口迁移距离变化情况。

人口比例(%)

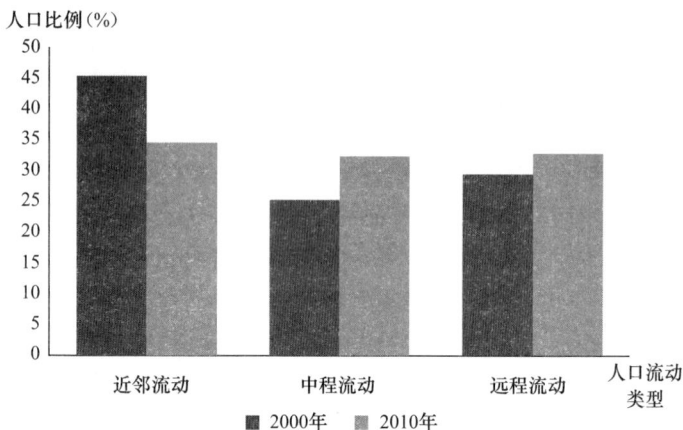

图 3-10　2000～2010 年我国流动人口迁移距离变化情况
数据来源：叶裕民（2010），经作者重新绘制。

　　根据数据显示，我国人口迁移的距离呈现逐渐增大的趋势。"五普"数据显示，2000 年，近邻流动为我国最主要的人口流动方式，占人口流动总量的 45.5％，中程流动和远程流动的比例明显少于近邻流动，各占 25.2％ 和 29.4％（叶裕民，2010）。至 2010 年，根据"六普"数据显示，近邻流动人口、中程流动人口和远程流动人口分别占流动总人口的 34.6％、32.5％ 和 32.9％。总的来说，2010 年，尽管近邻流动仍然是最主要的流动形式，但这三种迁移距离流动人口数量差别不大，形成"三足鼎立"的局面。由此可得，十年间人口流动距离呈现出近距离流动比例下降，中远程流动比例上升的趋势，即我国人口流动还存在流动距离逐渐增大的特征。

3.2.4　人口迁移的区域差异

　　尽管我国绝大多数省、直辖市、自治区均存在着大量的人口迁移现象，但各省的人口迁移特征仍存在差异，这种差异主要体现在人口的流向方面。

　　从人口的净流入的情况来看，我国北京、天津、内蒙古、辽宁、上海、江苏、浙江、福建、广东、海南、新疆的流入人口大于流出人口，属于人口流入地区，其他省的流入人口小于流出人口，为人口流出地区。其中，北京、上海、江苏、浙江、福建和广东为人口流入的主要省（直辖市）。安徽、江西、河南、湖北、湖南、四川为主要的人口流出地。从流动人口占总人口的比例来看，数据统计，2010 年我国流动人口占当时全国总人口的 17%。从各省数据分布情况来看，流入人口的比重大多在 10%～40% 之间，其中，北京、上海、浙江、广东四省（直辖市）的人口流入比例达 30% 以上。人口流出状况也十分明显，数据显示，除北京、天津、上海、西藏外，大多数地区的人口流出比例占省（直辖市）总人口的 10%～25%，其中，内蒙古、安徽、江西、福建、湖北、湖南、重庆、四川、贵州为人口流出大省。图 3-11 为 2010 年我国各省、市、自治区（不含港、澳、台）人口净流入规模。

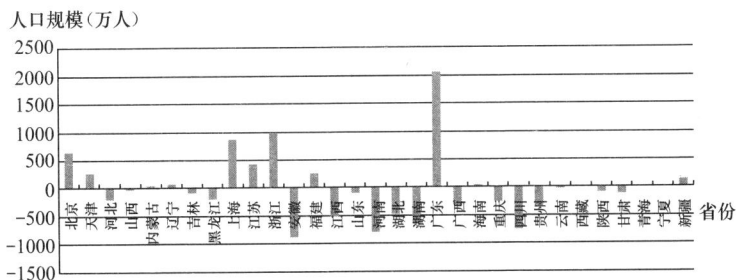

图 3-11　2010 年我国部分省人口净流入规模

数据来源：根据《第六次人口普查》整理。

从人口流出地、流入地的地理分布情况看，我国的人口流出、流入的情况呈现出区域差异。为更好地说明，笔者将我国分为东部地区、中部地区、西部地区和东北地区四个板块进行分析。"六普"数据显示，从四大板块的流动人口分布情况看，东部地区的流动人口最多，占总流动人口的 50% 以上，其次为西部地区（21.3%）和中部地区（18.0%），东北地区流动人口最少（9.0%）。从流动人口占该区域总人口的比重来看，东部地区的比重最大（27%），中部地区、西部地区和东北地区的比重次之，在10%～20%之间。由此可见，我国的流动人口主要集中在东部地区。

从人口流动的趋势上看，对比"五普"、"六普"数据可以得出，尽管十年间四个区域的流动人口均有所增加，但东部地区的流动人口增加总量最高，西部与中部次之。由此可见，我国流动人口呈现向东部不断聚集的特征。图3-12为2010年我国流动人口聚集情况示意图，图3-13为2000～2010年我国流动人口聚集数量变化。

由此可见，我国人口流动呈现出区域间的差异，总体而言，中西部地区人口流失，东部地区人口增加，人口呈现由中西部向东部迁移的现象。从人口的具体流向上看，广东为人口净流入最多的省份，其次为浙江、上海、北京、江苏、天津，即人口多流向东部地区，并集中在京津冀都市圈、长三角都市圈和珠三角都市圈。在人口迁移过程中流入小于流出的省份中，以

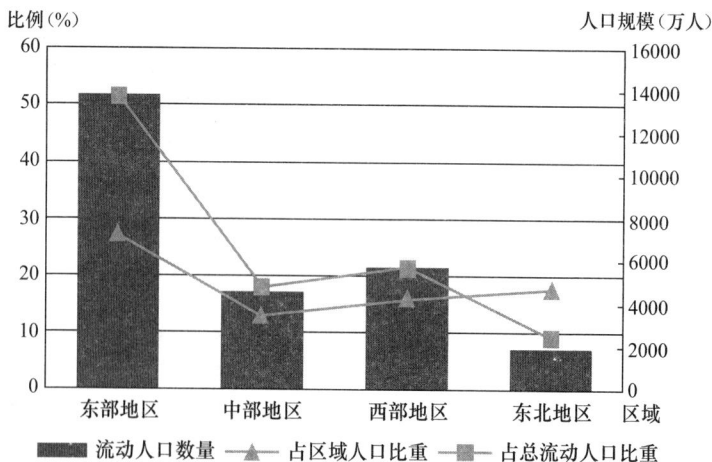

图 3-12　2010 年我国流动人口聚集情况示意图

数据来源：第六次人口普查；陈丙欣，叶裕民（2013），经作者重新绘制。

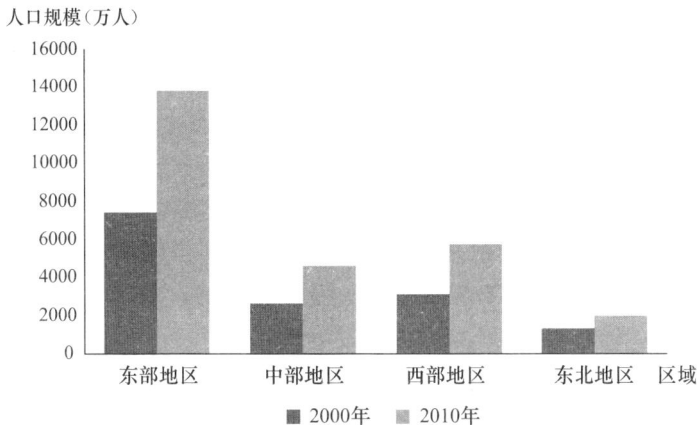

人口规模（万人）

图 3-13　2000～2010 年我国流动人口聚集数量变化

数据来源：第六次人口普查；陈丙欣，叶裕民（2013），经作者重新绘制。

安徽最多，其次为四川、河南、湖南、江西、湖北、贵州。此外，广西、重庆、黑龙江也有明显的人口流出。这一数据也佐证了我国人口由中西部地区向东部地区迁移的特征。

3.3　人口迁移对乡村地区的影响

在我国城镇化历程中，出现了大量的人口迁移。通过前文中对人口迁移的分析，我们发现，人口迁移存在流动总量大、数量逐渐增多、中西部地区人口向东部迁移、人口流动距离逐渐增加的特点。由于我国流动人口绝大多数为农村人口，由此可见，在我国城镇化进程中出现了史无前例的乡村人口离开乡村地区，向城镇集聚的现象。这给乡村地区的发展造成了十分深远的影响，乡村的诸多社会、经济问题由此产生。

3.3.1　空心村现象加剧

伴随城镇化进程逐渐加快所带来的乡村人口流出，我国各地乡村出现了村庄建设用地的废弃与闲置，即"空心村"现象

（龙花楼，李裕瑞等，2009）。经过我们对多地乡村的实地走访，我们发现，"空心村"现象在我国乡村地区普遍存在，中西部地区尤为明显。

究其原因，一方面，乡村地区大量人口的常年外出务工是造成"空心村"现象的最直接原因。据统计，2013年全国外出农民工高达16610万人，占农民工总量的61.8%，这部分农民工长期离开家乡的乡村地区，造成了乡村房屋的闲置。其中，举家外出的农民工3525万人，这部分农民工在乡村的住宅被彻底闲置，造成了"空心村"现象（龙花楼，李裕瑞等，2009）。另一方面，农民工的回流选择也是造成"空心村"的主要原因之一。伴随着经济发展水平和农民收入的提高，部分回流农民工选择在临近城镇购房，从而为自己或子女享受市民待遇。同时，这部分农民工由于乡土情结或地域文化，不愿放弃乡村住宅，这进一步导致了乡村房屋的闲置和"空心村"现象的加剧。

综上所述，人口的迁移流动导致了我国乡村地区"空心村"现象严重，这很大程度上是我国城乡二元结构所塑造的独特乡村聚落空间形态，并广泛存在于我国的广大乡村地区。

3.3.2　乡村人口老龄化严重

人口流出地的青壮年劳动力涌入经济发达地区，在导致人口流出地人口减少的同时，加速了因缺乏青壮年的乡村地区老龄化现象。据"六普"数据显示，2010年中国乡村60岁以上的老年人口所占比例已经达到了15.4%，高于同期城镇水平，人口老龄化出现了城乡倒置的现象。同时，在很多地区，老龄化现象在近十年来有着明显的加剧。如安徽省乡村地区10年间65岁及以上人口占总人口的比重增加近3%，呈现出"未富先老"的趋势。

究其原因，在当前人口城镇化进程中，人口流动的年龄选择性使得乡村流出人口平均年龄远低于乡村整体水平（邹湘江，吴丹，2013），这使得迁移人口一般在年轻力壮时离开乡村地区流向城市务工，数十年后在资本达到一定的积累且自身生理机能下降的时候，因为生活习惯、奉养老人等原因部分选择返回乡村。这样"少小离乡老大还"的情况直接导致乡村地区的年龄结构方面青壮年比例小，老年人比例大，老龄化现象严重。

3.3.3 "留守儿童"问题严重

尽管我国大量农民工由乡村流入城镇，但由于农民工尚未享受完全的市民化，其子女在城镇地区的教育受到政策上的限制。同时受经济因素的影响，不少外出务工者将孩子留在乡村地区，形成了"留守儿童"问题。

随着城镇化的不断推进，我国乡村地区的"留守儿童"问题也愈加严峻。数据显示，至 2010 年，全国范围内的留守儿童占乡村儿童比重 37.73%（段成荣，吕利丹等，2013），在江苏、安徽、江西、湖南、重庆、四川等地，留守儿童占乡村儿童总数的 50%以上，"留守儿童"问题已成为我国全域范围内的课题（图 3-14）。

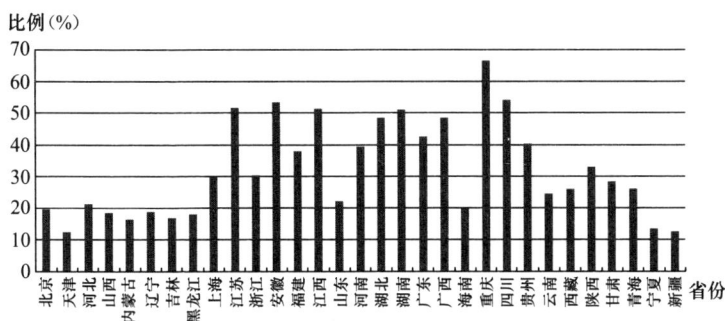

图 3-14　2010 年我国部分省 0~17 岁乡村留守儿童/少年占
乡村儿童/少年比重
数据来源：第六次人口普查。

这部分儿童由于父母不在身边，多数由祖父母照顾管教。然而祖父母由于身体状况较差，且自身受教育水平较低，因此留守儿童的家庭教育水平有限（段成荣，杨舸，2008）。此外，在学校教育方面，留守儿童受教育水平低于城镇儿童，在中西部地区尤为明显。

3.3.4 乡村土地资源利用不合理

乡村人口的大量外流对农业发展也产生了深远的影响。尽管农民最初进城务工是乡村剩余劳动力和城镇劳动力缺乏共同作用的结果，但由于农业生产的比较收益降低，绝大多数乡村地区的青壮年劳动力选择外出务工，这使得原本完全依靠人力密集投入的农业生产劳动力不足，部分农业生产只能采取粗放经营模式，甚至产生耕地抛荒现象（贺振华，2006）。我们在各地的实地调研中也发现这一情况，一方面由于乡村农业生产力不足，另一方面由于农民"进厂务工"的收入较高，不需要打理农业度日，对农业的依赖度下降，使得乡村地区大量耕地闲置乃至抛荒。

针对这一问题，尽管各地相继出台了各类政策以解决土地利用低效问题，主要表现在以种植大户、合作社、龙头企业、股份合营等形式（黄延信，张海阳等，2011）的土地流转和集中经营。然而由于目前交易平台不完善、中介服务体系仍较落后等问题，乡村土地流转市场整体发育程度依然较低（刘卫柏，李中，2011），且实施过程中难免出现违背农民意愿、损害农民利益的行政强推行为。这些原因使得我国乡村土地资源的利用十分不合理。

3.3.5 乡村发展存在区域差异

虽然我国乡村地区普遍存在人口外流现象，但从全国层面看，各区域的乡村发展因不同地域经济、政策的不同，存在着发展水平和模式的差异。

就乡村整体发展情况而言，中、西部地区在中部崛起和西部大开发战略的支撑下，中、西部两大经济带的新农村建设稳步推进，同时得益于国家政策倾斜和财政转移支付的双重支持，该区域的村庄在居住条件、教育医疗等方面均取得了明显的改善。然而中西部地区的乡村发展较为落后，不仅乡村缺乏相应产业支撑，所依赖的城镇地区对乡村发展的带动力也显不足，造成人口流失严重，因此整体呈现较为衰败的情况。而东部地区的乡村借助较高的工业化与城镇化水平，保持着良好的发展势头，并呈现出较为突出的领先优势（杨忍，刘彦随等，2011）。

综上所述，在我国快速城镇化发展浪潮的推动下，我国城乡之间互动愈加频繁的同时，将持续存在乡村人口向城镇转移的现象。人口的流失对乡村地区的发展带来了诸多影响。在新形势下，我国乡村发展与转型的路径和规律需要认真研究和总结。下文将以江苏扬州、姜堰，福建泉州和山西长治为例，通过实地调研梳理我国乡村地区发展、转型的特点，以为乡村地区的健康发展提供政策启示。

第4章 城郊型半城市化地区乡村：
江苏扬州的实证研究

2000年以来，随着我国城镇化进程进入第四波（叶嘉安等，2006），我国城镇化水平快速增长，城市建成区快速扩张。与此同时，在城市和农村结合部广泛地形成了一种"似城似乡"的地域空间，这种空间被称为"半城市化空间"，而这种现象则被称为"半城市化"（郑艳婷等，2004）。本章对扬州城郊的半城市化地区乡村进行实证研究，通过对该地区社会变迁，房屋和耕地的调查，分析该地区城镇化和乡村转型的趋势，最后提出相关政策建议。

4.1 研究区域概况及数据获取

4.1.1 扬州概况

扬州市地处长江中下游平原东端，位于江苏省中部，是长三角北翼的区域节点，也是苏中、苏北重要的门户枢纽。扬州市域面积为 6634km^2，常住人口为 447 万人，城市化率为 59.98%。扬州市现辖邗江区、广陵区、江都区 3 个市辖区和宝应县 1 个县，代管仪征市、高邮市 2 个县级市。扬州经济较发达，截至 2013 年年底实现地区生产总值 3252.01 亿元，约为 2000 年的 6.9 倍，人均 GDP 为 11754.42 美元，位居江苏省第六位。产业结构不断调整推进，三次产业结构从 2000 年的 13.54：52.99：33.47 调整为 2013 年的 6.9：52.1：41.0，第二、第三产业增加值占 GDP 比重达 93.1%。2013 年全市规模以上工业完成总产值 8499.39 亿元，工业企业规模效益是扬州市域经济发展的主要动力。同时扬州市旅游业带动的第三产业对经济的发展也贡献巨大。

4.1.2 研究区域概况

本书的研究范围是城市规划区范围内——城市规划建成区外的城市郊区，涉及 3 个区的 21 个乡镇（街道），其中包括邗江区 7 个镇（街道），广陵区 3 个镇，江都区 11 个镇，总面积约 1583.77km²。该地区临近主城，距主城在 20km 之内，根据鲁旺斯、巴特尔姆克斯、伯里安特以及弗里德曼等学者对半城市化地区的空间划分标准，离主城距离在 10～50km 以内的地区具有明显的半城市化特征。另外，笔者从实地考察中发现，该地区具有农业、工业和服务业等混合产业，大部分农民从事的工作实现了从农业活动向非农业活动的转变。此外，该地区与主城之间有便捷的交通联系，城乡联系最为密切，紧邻城镇的地区建设用地扩张迅速，远离城镇的地区虽然保留了乡村风貌，但民众的生活却大多表现为城镇的生活方式。由此可见，该地区具有典型的"似城似乡"的半城市化特性，"城市主义"已经波及城乡接合部。图 4-1 为扬州城郊区位图。

在社会经济方面，研究区域经济社会基础较好，但经济社会发展存在区域差异。2013 年，研究区域实现生产总值 886.57 亿元。其中第一产业产值为 55.23 亿元，占生产总值 6.23％；第二产业产值高达 567.71 亿元，占比 64.03％；第三产业产值为 263.62 亿元，占比为 29.74％。社会消费品零售总额达到 2685988 万元。研究区域内财政收入 397360 万元，财政支出为 228991 万元。此外，2013 年规划范围内户籍人口达到 102.34 万人，其中非农业人口为 17.07 万人，占总人口比重为 16.7％。人口自然增长率为 0.92％，其中广陵区北洲三镇（李典镇、沙头镇、头桥镇）由于北洲工业园的带动作用，人口自然增长率高达 3％。

在城镇化方面，研究区域城镇化进程快速推进。从人口角度而言，2013 年研究区域内总人口 99.2 万人，其中城镇人口 16.9 万人，城镇化率为 17％。从建成区面积而言，2013 年研究区域范围内 21 个镇（街道）总面积为 1583.77km²，建设用地

图 4-1 扬州城郊区位图

资料来源：作者自绘。

面积 341.36km², 占总面积的比重为 21.6%；农用地面积 909.96km²，其中耕地面积 315km²，占总用地面积 19.9%。人口密度为 534 人/km²，人均耕地面积约为 0.46 亩。随着扬州城市的不断发展，研究区域范围内建设用地比重将逐步增加。

在乡村发展方面，研究区域内自然村数量多，分布零散，布局存在区域差异。截至 2013 年年末，研究区域范围内共有 21 个镇（街道），涉及行政村 324 个，自然村庄 5492 个。受地形影响，西部丘陵地区自然村分布零散，村落规模小；中东部平原地区自然村分布较为均衡，村落规模较大。北部里下河片区由于水网密布，村庄布局分散，村庄规模较为适中。北洲片区自然村村落规模也较小，集中在 50 户以下区间。此外，各乡镇的村庄人口规模相差较大。西部丘陵地区和南部北洲地区，多数乡镇 30 户以下的村庄所占比重较大，而 100 户以上的村庄较少。而在东南部平原地区，极少有 30 户以下的村落，村落规模大多集中在 50 户以上，100 户以上的自然村比例是各个地区里最高的。具体来说，扬州城市郊区乡村聚落空间布局在丘陵地区、里下河地区、平原地区以及北洲地区呈现出不同特征。丘陵地区和里下河地区以点状形态零散布局为主，其中丘陵地区的村庄多沿地形沿路布局，里下河地区的村庄因其水网密布，具有沿河沿路布局形态。平原地区的村庄以团块状布局为主，村庄规模相对较大，具有一定的集聚形态。北洲地区的村庄沿夹江等长江冲积平原呈现出明显的条状布局形态（图 4-2）。

图 4-2 扬州郊区村庄布局空间特征
资料来源：作者自绘。

4.1.3 数据获取

2014 年 4 月，笔者通过实地调研，较为全面地了解扬州城郊型半城市化地区乡村转型发展的特征。通过随机问卷发放，一共发放问卷 500 份，最终回收 475 份，回收率为 95％，经问卷前后比对，确认有效问卷 470 份，有效率为 98.95％（图 4-3）。

图 4-3　实地调查实景照片
资料来源：作者自摄。

4.2　扬州城郊乡村社会变迁总体特征

通过问卷分析和访谈发现，总体而言，扬州城郊农村社会变迁具有 4 方面的特征：就业非农化比例高，务工呈现长期化；城乡之间流动频繁；城镇化的市民化程度高；农村空心村和老龄化现象突出。

4.2.1 就业非农化比例高，务工呈现长期化

人口职业的转变是城镇化的重要表现之一。将农民从农业转移到非农业是人口城镇化的重要推力。根据对 470 户共 1539 人的抽样调查，扬州城郊农民非农务工比重已达到 66.3%，绝大多数青壮年实现了职业的转变，就业非农化比例较高。

当地农民就业不仅呈现非农化，还具有长期化的特征。据统计，在被调查的外出务工农民中，长期务工者比重达到 86.8%，季节性/偶尔从事非农务工的农民仅占 13.2%（表 4-1），务工长期化现象明显。究其原因，随着农业机械化程度的提高和农民耕地的减少，农民务工和务农不再冲突。即使在农忙时节，有外出务工成员的家庭可以依靠家中的老人、妇女完成农活。同时有部分家庭已经完成了土地流转。而本地务工的农民则可以在非务工的休息时间完成农活。因此总体而言，当前扬州城郊农民非农务工以长期务工为主。

扬州城郊非农务工的农民务工情况　　　　　表 4-1

类型	百分比（人/%）
长期务工	894/86.8
季节性务工	100/9.7
偶尔出去务工	36/3.5
总计	1030/100

数据来源：作者调研。

4.2.2 城乡之间流动频繁

工作地点和居住地的分离造成了频繁的城乡人口流动。据统计，扬州城郊农民到其他乡镇或市区务工人数占总非农务工人数的 27.3%（表 4-2）。这主要是因为扬州市区经济较发达，而且城郊距市区较近，许多城郊农民选择到市区务工，早上赶往市区工作，晚上回到农村居住、生活，形成每天"钟摆式"的城乡通勤流动。

扬州城郊非农务工农民就业地点情况　　表 4-2

地点	百分比（人/%）
本镇	579/57.1
扬州市区及其他乡镇	277/27.3
扬州市以外地区	158/15.6
总计	1014/100

数据来源：作者调研。

造成农民频繁在城乡之间流动的原因不仅有工作需求，还有情感需求。根据调研中的访谈，"儿孙工作生活在市区，周末回农村看望老人"，或者"老人偶尔去市区看儿孙或照顾孙子，帮忙家务"等现象普遍存在。根据问卷调查结果显示，大约 20% 的家庭存在这种形式的流动。究其原因，在我国城乡二元体制下，城市里丰富的资源吸引了年轻一代的农民，但是其与农村亲人的情感联系仍然存在，从而产生了情感需求（亲缘关系）造成的城乡流动。

4.2.3　人口城镇化的市民化程度高

扬州城郊农民人口城镇化的市民化程度高。通过对问卷涉及的 1020 名务工农民的调查发现，近 300 人在城里工作、生活，在城里交税，享受城里的公共服务，实现了市民化（表 4-3）。

扬州城郊务工农民居住情况　　表 4-3

居住情况	百分比（人/%）
住农村自家	629/61.7
住镇上自家房子	74/7.3
住城里自家房子	83/8.1
租房子或单位提供	206/20.2
拒绝回答	28/2.7
总计	1020/100

数据来源：作者调研。

不仅如此，当地市民化程度呈现越来越高的趋势。访谈发现，当地人口城镇化的主体为第二代农民工，同时也出现了"第三代农民工"。如今，大多数第一代农民工由于年龄、身体等原因已回到农村,而他们的子女,即第二代农民工,绝大多数外出务工。第二代农民工的子女大多处于就学状态,但问卷也发现已有 7 人处于务工状态,这从年代上划分应属于"第三代农民工"。"第三代农民工"大多在城市就过学,在生活上适应城市环境,并有自己的社交圈,更有一部分已在城市买房或即将买房,基本实现市民化。因此可以推测,随着"第三代农民工"长大成人,当地农民工市民化程度会越来越高。

4.2.4 农村的空心村和老龄化现象较为突出

扬州城郊农村地区"空心村"现象突出。访谈得知,不仅务工农民在城镇常住比例很高(表 4-3),而且还有不少非务工的农村人口跟随家人在城镇常住。据估算,21 个镇(街道)农村地区约有 30% 的农村人口在城镇常住,而且大多为青壮年。因此,许多村庄平日人气不足,多为留守老人、妇女和儿童,"空心化"现象严重。

伴随着农村"空心化",扬州城郊农村地区"老龄化"现象也较为突出。研究中,受访者的年龄结构失衡,60 岁及以上受访者达到 37%,50 岁及以上受访者更是高达 63%(图 4-4)。

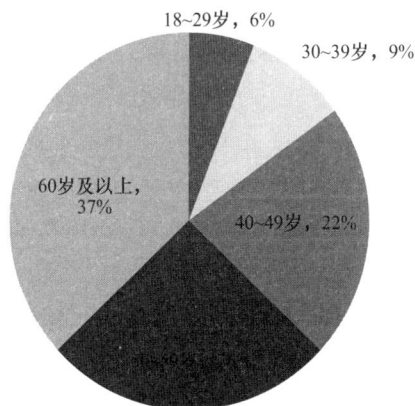

图 4-4 受访对象年龄结构(样本数量:470 人)

数据来源:作者调研。

由此可见，年轻人多在外务工，当地社会人口具有老龄化特征。

4.3 房屋和迁居意愿

房屋不仅是人们最重要的财产，还决定了人们的居住地，关乎人们的生活范围和空间交往。为了探究农民的住房现状、建房意愿以及集中居住意愿，我们从农民房屋信息和建房迁居意愿的角度进行调查，并对其中反映出的农民城镇化现象和趋势进行探讨。

在进行问卷调查之前，笔者初步了解了扬州市农村地区建房政策。笔者从对乡镇管理者的访谈中了解到，扬州市广陵区、邗江区、江都区对各自乡镇的农民建房出台了相关政策，广陵区和邗江区均停止审批宅基地建设，并禁止农民在宅基地上新建、修建房屋；江都区则有所不同，对农民宅基地建房政策相对宽松。广陵区的北洲三镇经济社会发展较好，整体富裕，农民对集中居住比较赞同，镇一级对区级政策的落实相对较好。邗江区和江都区中由于乡镇情况不同而导致政策有所偏倚。邗江区中各镇在执行区一级的建房政策时出现较大差异，如一些乡镇放宽区的建房政策标准，允许少量房屋原址翻建；一些镇甚至在合乎情理的条件下允许村民"违章性建房"。江都区在2010年由原来的江都市划为扬州的江都区，在农民自建房政策上还延续之前的村民可自行翻建房屋的政策，而且江都区有较多的乡镇，在执行区政府政策时也会发生较大偏差。靠近市区的几个镇及个别重点镇，如宜陵镇、吴桥镇、丁伙镇、邵伯镇和小纪镇等，农民集中居住的意愿较强，在落实区级相关政策时基本会执行；偏远地区的乡镇由于自身经济社会发展水平不同，对区级有关自建房政策的执行力度相对较弱（表4-4）。

	扬州各区农民建房政策与安置方式		表 4-4
区名称	农民建房政策	拆迁安置方式	落实情况
广陵区	(1) 停止对原地新建申请的审批; (2) 对农户危旧房屋申请翻建的，允许翻建	城乡统一为独栋、联排别墅，有条件的镇、街道可以建造多层甚至小高层公寓来集中安置	李典镇、沙头镇、头桥镇均已实施
邗江区	(1) 2009 年后停止再批宅基地; (2) 考虑长远的集中居住，近期不再审批宅基地; (3) 对规划控制区范围内的农民房屋不允许修建改造	(1) 对撤并的农户一律实行农民集中居住区安置或货币安置政策;区里只对镇农民居住区建设进行补助; (2) 农村社区建筑以联排和叠加住宅为主，限制独栋住房; (3) 允许农民原宅基地和住房按成本置换具有国有土地使用权和房产权的公寓房	部分镇放宽区政策标准，允许少量危旧房可以原址翻建
江都区	(1) 对于规模较大且有保留价值的房屋，近期保留改造，适时重建; (2) 地处镇区、沿河开发区与规划用地性质不符的，不允许新建农村住宅	(1) 对撤并的农户一律实行农民集中居住区安置或货币安置政策; (2) 由于拆迁原因不同，安置的方式也会有所差别	镇规范审批农民自建房，符合要求的仅允许建平房

资料来源:扬州市区镇村布局规划说明书。

4.3.1 房屋状况

对于农民城镇化和迁居意愿的调查，必须充分了解农民现有的居住条件。因此本研究先从房屋状况的角度，对房屋类型、房屋使用周期和城镇另有房屋状况展开调查分析。

1. 房屋类型和使用周期

当前扬州城郊近七成房屋已进入修缮、重建周期。数据显示，1990 年以前修建的房屋大多为砖瓦平房，占 28.9%；1990 年代修建的房屋多为平房、楼房，占 40.2%。按照农村房屋 30 年使用周期的标准，1990 年以前修建的房屋目前已经进入新一轮重建周期，而 1990 年代修建的房屋已进入修缮周期。2000 年以后新建的大多为组合式楼房，甚至农民别墅（30.8%），这部分房屋近期不会再修缮或重建（表 4-5、图 4-5、表 4-6）。

扬州城郊农民房屋修建年代　　　　　　表 4-5

年份	百分比（户/%）
1990 年以前	136/28.9
1990~1999 年	189/40.3
2000~2009 年	120/25.5
2010 年至今	25/5.3
总计	470/100

数据来源：作者调研。

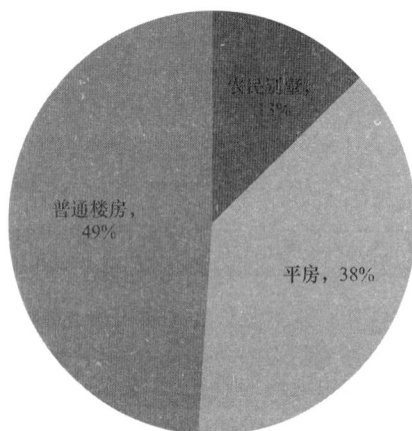

图 4-5　扬州城郊农民房屋类型比例（样本数量：470 户）

数据来源：作者调研。

住房类型	现状照片	
砖瓦房		
普通楼房		
农民别墅		

资料来源：作者自摄。

2. 城镇另有房屋状况

总体来说，扬州郊区农民城镇住房持有率较高。数据显示，25.7％的受访家庭在城镇另有房屋。通过访谈发现，由于外出务工的长期性，对于农民而言在工作地购买住房已成为刚性需求。另外许多年轻人观念和生活方式的转变使得在城镇另有房屋成为其生活的必需品，例如城郊地区农村的年轻人，只要家里经济条件允许，都会到城区购买婚房。

在对购房地点分布的调查中发现，大多数的房屋分布在扬州市区（51％），其次为镇区（37％）和扬州以外其他地区（14％）。由此可见，市区对城郊农民的吸引力很大（图4-6）。

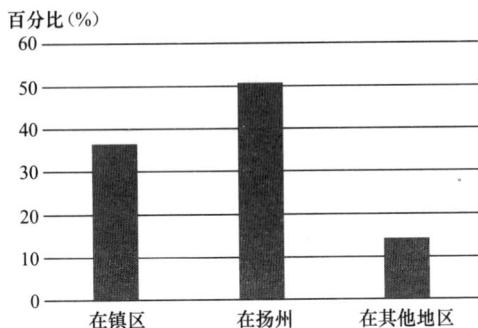

百分比（%）

图 4-6　扬州城郊在城镇另有房屋所在地（样本数量：123户）
注：有两户家庭在镇区和扬州市区各有1套房，因此大于100％
数据来源：作者调研。

4.3.2　迁居意愿

长期以来，由于对农村建设缺乏必要的监督与指导，我国农村普遍存在农民建房粗放的问题。调查显示，扬州城郊农村家庭房屋平均建筑面积（174m²）和占地面积（243m²）均过大。同时由于当前农村每家常住人口很少，这种宅基地利用方式十分粗放。近年来，当地积极推广集中居住，但效果并不明显。由此，本书从农民需求的角度调查迁居意愿，重点调查了三方面的内容：农民的生活地点选择、建房意愿和集中居住意愿。

1. 生活地点选择意愿

生活地点选择意愿与农民的年龄具有较大关系。虽然调查数据显示，74.7％的受访者愿意生活在乡村。由于青壮年劳力多外出务工，本调查受访对象多为老年人（图4-4），具有一定的局限性。老年人对乡土的感情深厚，因此更愿意生活在乡村。但通过访谈发现，受访者并不能代表全家的意愿，甚至部分家庭内部意见分歧明显，因此此处进行了年龄与生活地选择意愿的交叉分析。分析结果显示，不同年龄农民在居住地选择上有明显差异，老年人因为生活习惯、社会关系等原因更愿意生活在乡村，而年轻人则因为发展机会和基础设施等原因更倾向于生活在城市，不过随着城市环境的恶化，也有越来越多的年轻人愿意生活在村庄（表4-7）。这一现象在我们调研中部地区的江西和湖南等地也尤为明显。

扬州城郊农民生活地选择意愿［人（百分比）］ 表 4-7

年龄段	城里	镇区	村庄	合计
18～29	10（36%）	4（14%）	14（50%）	28（100%）
30～39	3（7%）	6（14%）	35（80%）	44（100%）
40～49	21（21%）	16（16%）	64（63%）	101（100%）
50～59	24（20%）	6（5%）	92（75%）	122（100%）
60 及以上	22（13%）	5（3%）	146（84%）	173（100%）
总计	468（100%）			

数据来源：作者调研。

2. 建房意愿

当地农民建房意愿并不强烈。调查结果表明，有 61.1% 的受访者不愿建房，这主要有三个原因：第一，原有房屋的现状良好，许多家庭已经新修了房屋；第二，家庭没有需求，有 25.7% 的农民家庭在城镇有房，已经可以满足家庭成员的住房需求；第三，家庭经济条件不足，主要是有些家庭较贫穷，建房困难。

另外，也有 38.9% 的受访者想重新建房，这一比例略高于建于 1990 年以前老房屋的比重（28.9%），说明 1990 年以前的老房屋确实进入重建周期。其中绝大多数受访者愿意原址重建（54.6%），也有 33.5% 的受访者愿意住进农民集中居住区（表4-8）。由此可见，愿意建房的受访者中，2/3 不愿意离开故土，农民的乡土情结很浓，这是造成当地集中居住效果不明显的主要原因之一。

扬州城郊农民建房意愿   表 4-8

意愿	百分比（人/%）
翻新	22/11.9
原址重建	99/54.6
集中区建房	61/33.5
总计	182/100

数据来源：作者调研。

3. 集中居住意愿

在集中居住意愿方面，受访者的意见不一。55%的受访者不愿意集中居住，绝大多数不愿重新建房的受访者不愿意集中居住，不愿集中居住的原因与不愿建房的原因相似。另外也有45%的受访者愿意集中居住（图4-7）。在愿意集中居住的206位受访者中，大多数愿意到镇区或镇区周边集中居住（63.6%），只有三成多愿意本村集中居住（36.4%）（表4-9）。总体而言，一部分受访者认为集中居住能带来便利的生活和享受较好的基础设施服务，因此愿意到镇区集中居住；也有一部分受访者由于乡土情结，愿意在本村集中居住。

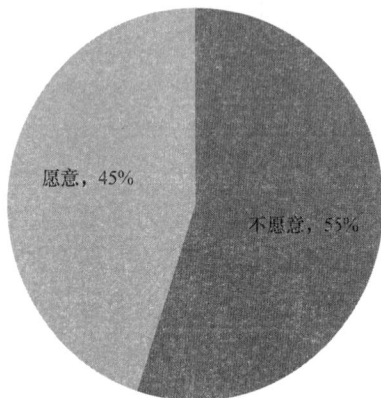

图 4-7　扬州城郊农民不同集中居住意愿的比例（样本数量：460 人）

数据来源：作者调研。

扬州城郊农民集中居住地点选择意愿	表 4-9
意愿	百分比（人/%）
愿意本村集中	75/36.4
愿意本镇集中	131/63.6
总计	206/100

数据来源：作者调研。

4.4 耕地与土地流转

在城乡二元体制下，农民城镇化关键的问题是如何将农民的农村社会福利转化为城市社会福利。耕地作为农民重要的一项社会福利具有重要的研究意义，因此我们对农民的耕地情况进行调查。

4.4.1 耕地状况

扬州城郊农村家庭拥有耕地量较少。调查数据显示，47.7%的家庭有1～3亩地，27.4%的家庭有3～5亩地（表4-10）。在与各镇（街道）相关领导的座谈中得知，扬州近郊各镇（街道）人均耕地为0.4～1亩，家庭平均耕地为3亩左右，人均和家庭拥有耕地都较少。究其原因，一方面是因为在家庭联产承包责任制下，每户耕地较少；另一方面是调查过程中，部分农民忽视了自家耕地、流转土地和自留地的区别，造成统计值偏小。

扬州城郊农民拥有耕地情况	表 4-10
耕地	百分比（人/%）
多于5亩	57/12.1
3～5亩	129/27.4
1～3亩	224/47.7
少于1亩	47/10.0
没地	13/2.8
总计	470/100

数据来源：作者调研。

4.4.2 耕地流转情况

总体而言，扬州城郊乡镇农村土地流转已经推广。我们调查结果显示，27.4%的农村家庭耕地已实现流转。土地流转推广顺利主要是由于农业小规模经营效益较差，大多数青壮年就业非农化等原因。分区域来看，不同区域的土地流转形式和规模也不尽相同。从访谈中了解到，扬州东南部由于地形平坦，流转规模较大。而东北部由于地处里下河地区，水网密集，土地分散；西北部处于低山丘陵地区，土地分散，地势起伏，两个片区的土地均不适合流转，因此流转规模较小。此外，土地流转价格也因地而异，从600元至1300元/亩/年不等。一般而言，近郊价格较高，远郊价格较低。

农民对土地流转这种形式也比较认可，一半以上的受访者（53.2%）愿意将自己的土地进行流转（表4-11、图4-8），这主要是源于土地流转的示范效益较好，农民观念逐步转变。

扬州城郊农民未来土地处置意愿　　　　表4-11

处置意愿	百分比（人/%）
流转	250/53.2
被征地得到补偿	128/27.2
继续耕种	90/19.2
留着，抛荒	2/0.4
总计	470/100

数据来源：作者调研。

图4-8　扬州城郊部分土地流转照片（一）
资料来源：作者自摄。

图 4-8 扬州城郊部分土地流转照片（二）
资料来源：作者自摄。

综上所述，扬州城郊农民土地拥有量较少，对土地的依赖性降低。在城镇化过程中，农民关注的重点不再是土地和粮食，而更关注集体土地的红利。因此，进一步推广土地流转和家庭农场的工作，对农民集体土地进行"确权"，都能够增强城镇化动力，加快扬州郊区城镇化的速度。

4.5 小结与政策启示

本研究根据 2014 年 4 月开展的扬州城郊农民实地访谈和问卷调查，系统地分析了扬州城郊半城市化地区的人口流动、房屋和土地特征。并在户籍、公共服务、土地等方面提出了推动乡村转型发展的思考和政策启示。

4.5.1 小结

近年来，随着我国城镇化的快速推进，城镇周边出现了大面积的半城市化地区。半城市化是城市化进程中一种不稳定、非定式的过渡阶段（张敏等，2008），半城市化地区中的人口频繁地在城乡之间地流动，城乡联系密切。本书通过对扬州半城市化地区的实证研究，发现该地区农民频繁地在城乡之间流动，而且流动的随意性很强。根据对其成因的分析，发现当地农民处于一种从农村人口向城镇人口转换过程中的不完全的城市化状态，具有典型的半城市化特征。通过对扬州半城市化地区人口流动、市民化、房屋、土地等方面的研究，分析半城市化地区乡村社会和物质空间转型发展的状况和特征。根据以上分析，笔者总结出以下6点结论。

（1）就业非农化是人口城镇化的基础。在新型城镇化的时代背景下，要转移农村剩余劳动力，实现人口城镇化，第一步就是要实现农民就业的非农化。因为农民收入的增加是乡村转型发展的经济基础，所以农民就业非农化是推进乡村转型发展的第一步。根据笔者在扬州郊区半城市化地区的实地调研，当地农民就业非农化比例高，而且务工呈现长期化的特点，这不仅体现当地人口半城市化的特征，而且也是当地社会转型发展的基本条件。

（2）半城市化人口在城乡之间频繁流动。就业非农化在一定程度上造成农民职住分离，从而引起半城市化人口在城乡之间的流动。根据笔者在扬州城郊半城市化地区的实地调研，发现当地城乡之间人口流动的动因主要包括就业、就学和探亲三个方面，这一方面说明当地城乡之间的联系密切，另一方面说明半城市化造成"两栖人口"的大量存在。当然，随着乡村的转型发展，当地市民化程度不断提高，尤其随着代际更替，农民市民化的速度越来越快，这说明当地正处于半城市化的状态，同时也处于动态化的城镇化过程当中。

（3）城镇化和半城市化都会在一定程度上造成乡村衰退。偏远乡村的空心村和老龄化现象较为突出，这是乡村社会转型过程中出现的一大突出问题，且容易引发社会问题。根据笔者在扬州城郊半城市化地区的实地调研，笔者发现不仅务工农民在城镇常住比例很高，而且还有不少非务工的农民跟随家人在城镇常住。这一比例大约达到30%，而且大多为青壮年。因此，许多村庄平日人气不足，多为留守老人、妇女和儿童，乡村"空心化"和老龄化的现象严重。

（4）农民集中居住意愿较弱，但半城市化人口集中居住意愿较强。农民因为乡土情结不愿意集中居住，但是半城市化人口因为工作、子女就学等因素的影响，愿意在城镇附近的集中居住区居住。这在笔者在扬州城郊半城市化地区的实地调研中得到印证，尤其是老年人，其对乡土的感情深厚，因此更愿意生活在乡村；而年轻人则因为发展机会和城市基础设施优良等原因更倾向于生活在城市或城市周边。

（5）半城市化乡村物质空间转型速度较快。在扬州城郊半城市化地区，这主要表现在三个方面：第一，宅基地使用率不高，半城市化造成乡村常住人口锐减，从而造成宅基地利用较为浪费；第二，房屋进入重建周期，农民建房意愿分化严重，这导致农民各自建房，从而影响乡村物质空间环境；第三，土地流转较普遍，农民自耕田面积小，田地呈现大面积、大规模的物质空间状态。

（6）半城市化地区乡村内部不同区域在社会空间转型发展方面也存在空间差异。由于不同区域的自然区位不同，扬州城郊半城市化地区非农务工农民在工作地的选择上有所差异，又因为距离乡村老家的距离不同，其在选择居住地上也有所差异。另外，由于不同区域社会经济基础不同，不同区域农户在家庭收入方面也有差距。而非农务工人员外流的状况不同，导致不同地区乡村老龄化和空心化的程度有所不同。

4.5.2 启示

为了积极推进扬州半城市化地区新型城镇化和城乡发展一体化，本书根据扬州半城市化地区乡村社会转型和物质空间转型发展的特征，在户籍、公共服务、土地等方面提出以下思考和启示：

（1）推动农业转移人口市民化。农村劳动力在城乡间流动是长期现象，而"两栖人口"的长期存在，在经济上会限制产业升级，在社会上会加深社会矛盾（叶裕民，2010）。因此我们应根据当地市民化程度高的特征，进一步推动农业转移人口到城镇工作、生活。一方面，引导农村剩余劳动力在扬州主城或各镇镇区创业就业，推动人口向扬州主城和镇区集聚；另一方面通过相关经济政策支持，同时利用建设项目的带动，完善镇区基础设施，以吸引农民向城镇集中。此外，最重要的是逐步实现务工农民基本公共服务市民化，将其纳入城镇社会保障体系当中，从而加快推动农业转移人口市民化。

（2）实施差异化的城镇化政策。由于各区域城镇化的差异明显，所以应该划分不同地域类型，制定相应的政策。对于紧邻主城的城镇，应打破行政壁垒，积极融入主城；对于工业强镇，应重点强化其辐射功能，具体通过给予政策倾斜，改善投资环境，完善基础设施和公共服务设施配套，以增强其对人流、物流、信息流的集聚能力，吸引本地农民在本镇镇区工作和生活；对于偏远的城镇，应根据农民实际的需求，差异化、有步骤地推进城镇化。不仅要引导农民进城或中心城镇，还要在农村就地打造高效、集约、精致的集中居住区，并在差别化政策指引下适度有序引导农民集中居住，以契合城镇化空间差异的特征。

（3）完善基础设施和公共服务配套政策。乡村和社区的衰退引发了我们对基础设施和公共服务配套政策的反思。在工业化和城市化的浪潮中，偏远地区人口外流是大势所趋，这些地区的衰退也不可避免，所以公共服务均等化并不适用。因此我们应顺应城镇化差异化和偏远地区乡村衰退的趋势，制定和实施有差异的基础设施和公共服务配套政策。通过基础设施和公共服务配套的引导，配合镇村再布局，在有发展潜力的地区适度集聚人口，同时也更加合理高效地利用区域内基础设施和公共服务配套。在衰退的地区配备基本的公共服务，并且推行社会福利的均等化，以促进扬州半城市化地区健康城镇化。

（4）进一步推动集中居住和土地流转。在撤并村庄的过程中，应该人性化地进行农民集中居住区的选址和设施配套，加强镇区和中心村的基础设施建设，规范和控制农村建房，分步推动村庄撤并工作。另外，通过实地调查，笔者了解到扬州半城市化地区乡村农民对流转土地这种形式比较认可，农民对土地的依赖性降低。由此可见，土地流转不可逆转，要顺应潮流进一步推广土地流转和家庭农场的工作，并对农民集体土地进行"确权"，增强城镇化动力。

第5章 开发区型半城市化地区乡村：
江苏姜堰的实证研究

第4章我们研究了城市周边的半城市化地区乡村，本章将对开发区发展造成的半城市化地区的乡村进行研究。通过对姜堰城西片区半城市化地区乡村空间演化和社会变迁的研究，进而探讨该地区城镇化过程中存在的问题，分析其原因，并提出相关的政策建议。

5.1 研究区域概况及数据获取

5.1.1 姜堰概况

姜堰位于东经 120°09′，北纬 32°31′。姜堰古称"三水"、"罗塘"，历史悠久，春秋战国时先后属吴、越、楚，秦时属东海郡，西汉时属海陵县。唐高祖武德三年（620 年）改海陵为吴陵，南唐升元元年（937 年）升为泰州，民国初年废州设泰县。中华人民共和国成立后，泰县与县级泰州市两度分合，1962 年1 月复称泰县，县治姜堰镇。1994 年❶撤县设市，改称姜堰市。1996 年隶属新设立的地级泰州市，2012 年 12 月姜堰市撤市设区，成为泰州市的一个区。目前，姜堰区下辖罗塘街道、三水街道，以及姜堰镇、溱潼镇、顾高镇、蒋垛镇、大伦镇、白米镇、娄庄镇、沈高镇、俞垛镇、兴泰镇、张甸镇、梁徐镇、桥头镇、淤溪镇、华港镇 14 个镇，1 个省级经济开发区，1 个风景名胜区（溱湖风景区），262 个行政村。图 5-1 为姜堰区位图。

---

❶ 锦绣姜堰·地情概要 http://www.jiangyan.gov.cn/jxjy/

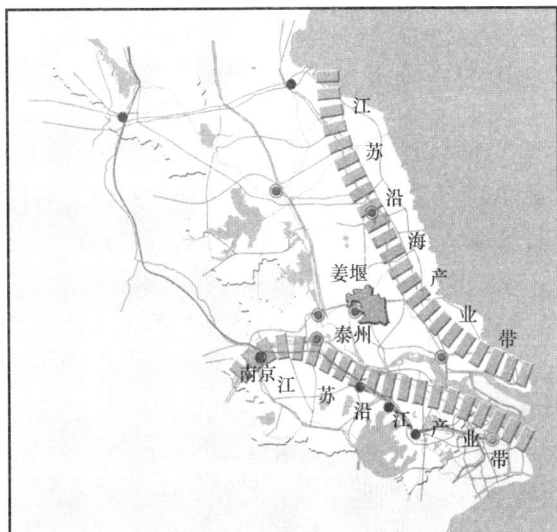

图 5-1　姜堰区位图

资料来源：作者自绘。

1. 姜堰自然条件概况●

姜堰地处江淮平原，东邻海安县、东台市，西接泰州市海陵、高港二区及江都市，南北分别与泰兴市、兴化市接壤，属长江三角洲中下游平原，境内河网密布，地势平坦，自西南向东北略呈倾斜，自然坡度较小。地面高程多在 2.8～3.7m 之间，部分高地达 5～6m，平均为 3.4m。北部为里下河地区，南部为里上河地区，水系发达，东有海水、南有江水，北有淮水，中干河、姜溱河、东西姜黄河等骨干航道纵横交错。

姜堰属于北亚热带季风气候，季风环流气候影响显著，四季分明，冬夏较长而春秋较短，常年平均气温 14.5℃，年平均降水量 991.7mm，年平均雨日 117 天，年平均日照时数 22059h，无霜期 215 天。作物生长季较长，日平均气温高于 10℃的作物生长

● 锦绣姜堰·地情概要 http://www.jys.gov.cn/jxjy/

期平均为 223 天，高于 15℃喜温作物生长期 172 天。

姜堰自然条件优渥，全年气候温暖，光照充足，降水丰富，土地肥沃，农业气候条件优越，素有"鱼米之乡"之称，早在西汉时就是朝廷囤积皇粮的"仓场"，至今仍是全国著名的商品粮和水产品生产基地。农作物主产水稻、三麦、棉花、大豆、油菜等，特色经济作物有香丝瓜、青椒、食用菌等，养殖业主产猪、羊、鸡、鹅等，水产品主要有鱼、蟹、虾等，特种养殖业有彩豚、鹌鹑、银鱼等。矿产资源主要有里下河地区的石油、天然气、黏土及溱湖风景区的地热矿泉水等。

2. 姜堰社会经济概况

姜堰位于江苏省中部，隶属长三角经济区，交通便利，基础设施完善，具有完善的公路、铁路、航运交通网，至南京、扬州、镇江、江阴、常州、无锡等江苏内经济较为发达城市的车程在 2h 以内，至苏州、上海等城市的车程在 2.5h 以内，至杭州的车程则在 3h 以内（图 5-2）。兴泰公路、盐靖高速、溱湖大道、宁盐公路、姜八公路与姜高公路，328 国道，神马公路，江海高速构成"四纵四横"的干线公路网络，通车里程达到 1085km；宁启铁路穿境而过，连通泰州与海安；内河航道 49 条，码头 238 座，通航里程 550km。

以"扩张城市规模，拉开建设框架，完善城市功能，改善对外形象，美化城市环境，提升城市品位"的发展思路为指导，姜堰大力开展社会经济建设、基础设施建设和城市环境建设。截至 2013 年，姜堰总人口 79.31 万人，土地面积 927.52km²，其中建成区总面积 24.3km²，城市化率超过 50%，处于城市化快速发展阶段。尤其在改革开放以来，姜堰经济快速发展，工业建设稳步推进，是全国县域经济百强市（县）之一，同时也是全国综合实力百强市（县）之一。2013 年，姜堰城市居民人均可支配收入 29306 元，农民人均纯收入 13695 元，完成地区生产总值 452.89 亿元，按可比价计算，同比增长 11.6%，其中第一产业增加值 34.12 亿元，同比增长 3.2%；第二产业增加值

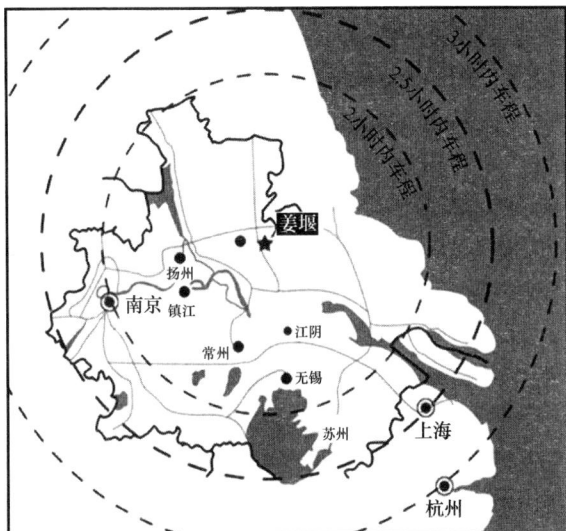

图 5-2　姜堰区交通区位图
资料来源：江苏省姜堰经济开发区网站❶

231.92 亿元，同比增长 11.8％；第三产业增加值 186.85 亿元，同比增长 12.7％。三次产业结构比为 7.5∶51.2∶41.3。公共财政预算收入 26.92 亿元，同比增长 14.4％。其中，税收收入 22.16 亿元，同比增长 17.3％，占公共财政收入的比重达 82.3％，同比提高 2 个百分点。固定资产投资额完成 267.36 亿元，比上年增长 24％。

5.1.2　研究区域概况

　　本章主要关注开发区型半城市化地区在城市化进程中的空间和社会变迁，以及所面临的问题，故选择姜堰区城西片区这一典型的半城市化地区作为研究区域。该区域位于姜堰区老城

---

　　❶　江苏省姜堰经济开发区网站：http://jykfq. gov. cn/zsdetail. php？c＝2019558&i＝42016

区以西，属姜堰经济开发区，是姜堰区新老城区的交界区域，同时也是姜堰城市中心功能西拓、对接泰州的主要承载空间。

1. 姜堰区半城市化地区的形成

姜堰区半城市化地区随着姜堰区的不同发展阶段和城市空间结构的变化形成和发展。在姜堰区半城市化地区的形成和演变过程中，姜堰经济开发区起到了重要的带动和促进作用。1992年，姜堰区在城西地区创建姜堰经济开发区，并于1993年被江苏省人民政府列为省级开发区。当时，作为江阴大桥北上的第一个省级开发区，凭借优越的区位条件和政府的大力扶持，姜堰经济开发区很快成为江苏省沿江经济带中极具发展活力的地区。目前，开发区已形成以新能源产业基地、石油装备产业基地为支柱的两大产业集群，以五金机电产业园、纺织服装产业基地、生物化工产业基地、高新技术和新能源产业基地为主体的四大板块，以华东五金城、锦天汽配港、锦江商贸城为龙头的现代物流服务业。

在开发区建设之前，姜堰区城西片区是位于姜堰区城市边缘的传统农耕区，以为姜堰区提供蔬菜、粮食、水果等农产品为主要功能。开发区项目建设实施后，城西片区的工业化和城市化进程随之展开，农田被征收用于工业园区、公路等的建设，农民开始进厂从事非农业生产，传统的城市——农村二元结构被打破，姜堰区在城市边缘出现了工农业功能混杂的城乡接合部。

近年来，随着泰州城市发展对姜堰的辐射作用，以及姜堰区自身发展的需求，姜堰区提出了"西进、南扩、北控、东优"的发展战略❶。其中"西进"指姜堰区向西对接泰州城区、与泰州城区一体化发展，是未来的发展重点之一，发展目标为实现城市中心西移、城市功能向西拓展，着力将城西片区打造为行政办公、商务办公与高档居住相结合的新城地区。在这一目标

---

❶ 资料来源：姜堰总体规划。

下，姜堰区城西片区开始了新一轮城市化历程，土地利用性质迅速转变，城镇建设用地比例迅速上升。目前，姜堰区城西片区在景观、功能、用地结构等方面的城市特征越发明显。同时，城市和农村管理体制并存，呈现出典型的半城市化地区特征。

2. 案例地区概况

根据 2010 年的实地调查，研究区域东西分别以中干河和溱湖大道为界，北起宁启铁路，南至 328 国道，面积 10.76km²，其中城镇建设用地 4.14km²，占片区总面积的 38.47%，非城镇建设用地 6.62km²，占片区总面积的 61.53%，城乡用地混杂、居住形态多样化、非农产业和非农就业比例较高。

研究区域内有马厂、前马、陈庄、新南四个行政村。马厂村在 2001 年由原马厂村、后马村、三联村合并而成，辖 11 个村民小组，原有住户 611 户，常住人口 2239 人，现有 240 户拆迁至马厂小区及马厂自建区安置，已有 9 个村民小组土地被征用。前马村东邻姜堰区政府，西邻扬州路、化肥厂，穿庄道路为"二横四纵"，二横为前马路、马厂路，四纵为南京路、杭州路、溱湖大道、扬州路，交通非常便利，村庄共有五个组，全村人数约 1126 人。陈庄村于 2001 年由原包舍村、东陈村、西陈村三村合并组建，下辖 17 个村民小组，人口 4686 人，姜堰大道、罗塘路、陈庄路横穿全村东西，上海路、杭州路、南京路、溱湖大道纵贯全村南北。新南村共有 4 个村民小组，334 户，人口 971 人，耕地面积 888 亩，东至姜堰镇曹家村、西至果林场、南至梁徐镇双登科工园、北至老通扬运河，328 国道横穿该村，东靠中干河，北靠老通扬运河，水陆交通十分便利。图 5-3 为姜堰区半城市化地区区位及调查村庄分布图。

研究区域内的村民主要居住在前马村、陈庄村、新南村、马厂安置区、陈庄安置区五个社区内，前马村、陈庄村和新南村三个社区为传统的自然村落社区，马厂安置区和陈庄安置区是征地拆迁安置社区。其中，安置社区的安置房又分为两种形态，一种是 5～7 层的单元式楼房，一种是 2～3 层的独立住房。

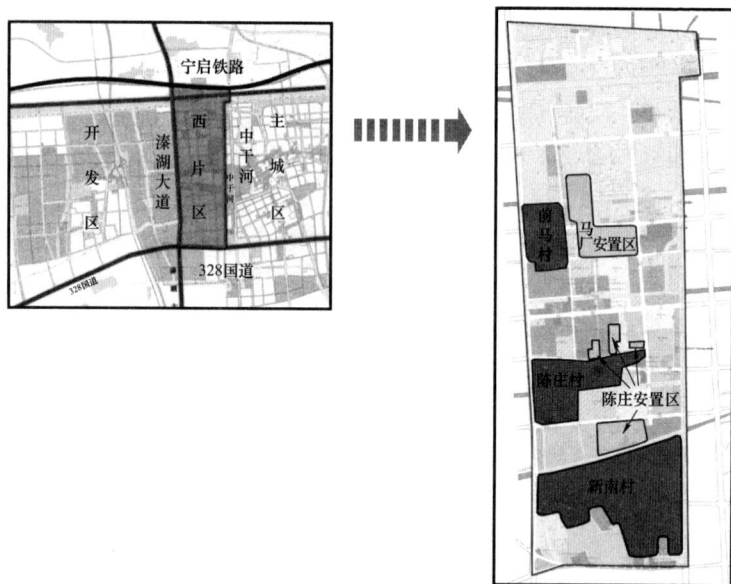

图 5-3 姜堰区半城市化地区区位及调查村庄分布图
资料来源：作者自绘。

5.1.3 数据获取

为了更加准确、全面地了解姜堰半城市化乡村地区空间和社会变迁情况，笔者于 2011 年 3～4 月在姜堰市城乡接合部进行调查，调查采用问卷调查和深度访谈相结合的形式。

研究区域内的农村居民根据社区性质可分为两大群体，一个是土地被征后居住在安置小区的农村居民，主要包括马厂安置区内的马厂小区、马厂新区，以及陈庄安置区内的陈庄小区、陈庄新区的居民；另一个是宅基地尚未被征用、仍居住在未拆迁安置的自然村落内的居民，包括新南村的全体居民，以及前马村、陈庄村内部分未拆迁安置的居民。两者本质上均为半城市化地区的农村居民，但其生活方式和社会经济状况又存在差异，为便于区分，本书将前者统称为"安置居民"，后者统称为

"农村居民"，将两者之和称为"全体居民"。

　　针对安置居民和农村居民，笔者分别设计了两套问卷，问卷调查以家庭为单位，每户选择一人（主要是户主）作为调查对象，进行入户调查。调查内容涉及居民社会经济情况、就业结构、生活方式、房屋产权等相关基本家庭信息，以及对基础设施、配套服务、居住环境、城市建设等要素的感知和评价。为确保第一手资料的真实性和准确度，问卷由调查人员对农户进行询问后填写。在问卷之余，笔者随机选择了其中的 40 户居民进行了深度访谈。同时，为了了解研究区域内企业经营情况以及企业发展与城市建设之间的互动，笔者随机选取 8 家企业，对企业工作人员和管理人员进行了访谈。

　　调查共发放问卷 367 份，其中安置居民 225 份，农村居民 142 份。回收有效问卷共计 356 份，其中安置居民 223 份，农村居民 133 份，问卷有效率 97.0%（图 5-4）。

图 5-4　实景照片
资料来源：作者拍摄。

5.2 半城市化地区空间演化和农村社会变迁分析

5.2.1 半城市化地区的空间演化

快速城市化涉及城市空间的拓展和用地类型的转变，相应的，半城市化地区的空间形态也随之改变。姜堰区城西片区自1993年开始城市化建设以来，空间结构、空间形态和空间功能均发生改变，主要经过了以下两次转型。

1. 第一次转型：由单一农业区向工农业混合区转型

姜堰区城西片区的城市化始于1993年姜堰区开发区的建设，位于开发区核心区的城西片区大部分农田被征收，用于道路、厂房、工业园区以及开发区行政管理单位的建设。随着开发区的建设，该地区的城市化进程拉开了序幕，空间形态和功能出现了第一次转型，即由单一的农业区转变为农业、工业混合功能区。

以姜堰大道为轴线，姜堰区城西片区在北侧前马村、马厂村和南侧陈庄村范围内规划建设了工业园区和大量企业，包括前马工业园、太平洋精密锻造公司、神龙工业园、亚方制冷等，此外，姜堰大道两侧还分布了姜堰经济开发区管委会和行政服务中心等政府部门（图5-5）。

在这一阶段，为了在短时间内完成大面积的土地性质转换，顺畅地为开发区建设获得扩展的空间，完成开发区初期建设，政府主要征收成片的、征用周期短、可以快速投入建设的耕地，而绕过了征用工作较为复杂、投入建设较慢的农民宅基地。即使出现征收农民宅基地的情况，征收范围也很小，从几户到十几户不等，安置方法为另择地点为被拆迁农民分配宅基地进行重建，区域内未出现大规模的安置居住社区。

目前，该地区的城镇建设用地比例已接近四成，其中居住用地（包括城市居住用地和村镇居住用地）、工业用地（包括厂

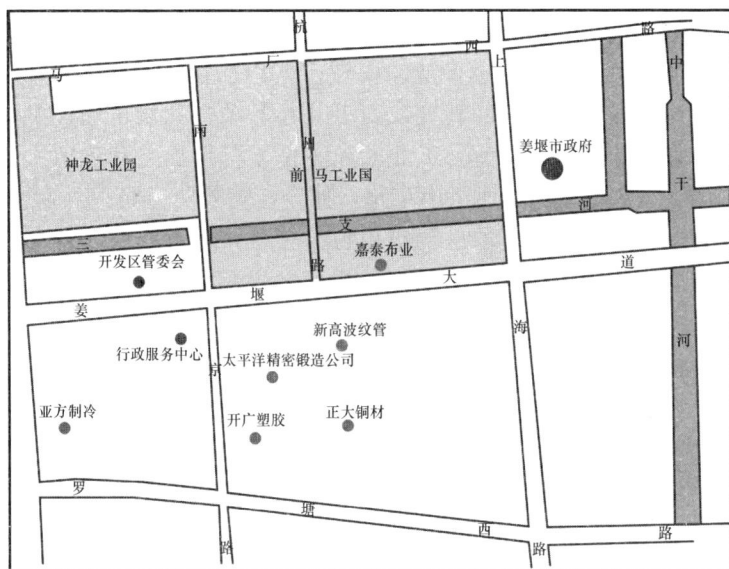

图 5-5 姜堰区城西片区核心区域空间分布示意图

资料来源：作者自绘。

房、工业园、仓储等）、公共设施用地、道路广场用地、绿地所占城镇建设用地比例分别为 36.39％、21.58％、10.24％、20.09％和 8.94％（表 5-1）。

姜堰区城西片区城镇建设用地现状 表 5-1

用地类型	占地面积（km²）	占建设用地比例（％）	占总用地比例（％）
居住用地	1.51	36.39	14.00
工业用地	0.89	21.58	8.30
公共设施用地	0.42	10.24	3.94
道路广场用地	0.83	20.09	7.73
绿地	0.37	8.94	3.44
其他建设用地	0.11	2.76	1.06
总计	4.14		38.48

2. 第二次转型：由工农业混合区向新城市空间转型

近年来，随着产业升级和转型，姜堰区正在发生转型。新一轮的城市总体规划将城西片区定位为姜堰区的新城区，相应的，城西片区要由工业产业空间逐步向以居住、办公、商服为主要功能的新市空间转变，而近几年的项目建设也印证了这一转型趋势。例如，前马工业园原本位于马厂西路和姜堰大道之间，东起上海路、西至南京路，如今，随着交通局、卫生局、教育局、国土局等姜堰区局级单位办公楼，以及府西人家和翡翠城居住小区的建设，工业园的规模大大缩水，仅余西南角的文峰机械、正达电机设备厂等几家企业（图 5-6）。另一方面，与以往不同，最近几年向农民新征收的土地并未用于建设工业园区，而是直接用于居住小区的开发，如 2008 年征收的位于陈庄东路北侧、介于上海路和南京路之间的耕地就被用于中天御苑居住小区的建设。

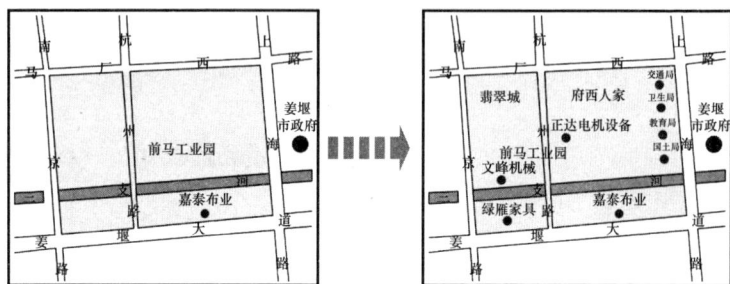

图 5-6　前马工业园的空间变迁

资料来源：作者自绘。

　　此外，在调研中我们发现，为了配合城西片区的功能定位调整，该片区内大部分工业企业已经或即将遭遇"退二进三"产业调整，让位于居住、商贸、服务业等第三产业。目前政府对片区内企业实行规模控制，待条件成熟再实施规划搬迁。例如，联丰工业园、嘉泰布业等企业已经迁出该区域，亚方制冷、太平洋精锻、正大铜材等企业也被列入"退二进三"计划，企业近 2～3 年向开发区提出的翻建办公楼、扩建厂房等申请均未得到批准。

在该片区新增建设用地（包括已批在建和已批未建）中，居住用地所占比例（87.44％）大大高于工业用地和仓储用地所占比例（分别为 7.25％和 4.10％），而新增居住用地又以商业楼盘和公共设施用地为主，包括位于马厂路与杭州路交汇处的翡翠城居住小区，位于罗塘西路和上海路交汇处的锦绣姜城居住小区二期，以及位于淮海西路、紧邻马厂小区的和睦家园居住小区等。用地结构呈现"退二进三"的逐步调整趋势。

综合用地情况和规划情况，可以发现，现阶段姜堰区半城市化地区的农业、工业功能正逐步让位于居住和城市服务功能，空间形态呈现出更多的城市特征。

5.2.2　半城市化地区农村社会变迁

在城市建设和经济发展的带动下，处于城市化前沿地带的半城市化地区的景观、产业结构、人口构成等发生了巨大的变化，对于半城市化地区的农村而言，其社会结构各方面也在经历转型。本章借鉴前人的研究视角和分析方法，结合问卷调查结果，从农村居民的社区、人口结构、家庭结构、职业构成、收入来源、生活方式等几个方面，对半城市化地区的农村社会特征及其变迁进行分析。

1. 社区变迁

社区是农村社会的重要构成要素之一，传统的农村社区是一个单一、封闭的组织，承载着经济建设、文化传承、社会保障等多重功能。处于全球化和城市化背景下的半城市化地区，其封闭式结构被打破，内部群体职业构成趋于多样化，农村社区面临着转型和重构。

在社区形态上，传统的自然村落受到自然条件、血缘关系的影响，空间形态上呈组团式分布或沿江、沿路呈条带状分布。社区内部建筑密度较低，每家每户的住房风格不一。近年来，

73

随着城市化的不断推进和新农村建设的不断深入，政府对半城市化地区的农村社区进行了不同程度的规划和改造。在农村社区，例如陈庄村和前马村，农民在自有宅基地建房时，房屋的占地面积、楼层、朝向、房屋间隔、外形等需遵照规划单位的标准进行建设；在安置社区，例如马厂小区、马厂新区、陈庄新区，住房形态为统一的楼房或农民别墅，社区外观已于城市社区无异。可以说，在半城市化地区，低密度、建筑风格多元化的自然村落逐渐让位于高密度、风格统一的城市社区，社区形态发生了根本性的变化（图5-7、图5-8）。

图5-7　姜堰半城市化地区
自然村落社区形态
资料来源：作者拍摄。

图5-8　姜堰半城市化地区
安置社区形态
资料来源：作者拍摄。

在社区管理模式上，我国农村以村民小组为农村基层组织，一个村民小组可视为一个小型的农村社区，社区成员之间形成了相对固定的联系纽带和支持网络。社区形态发生变化的同时，原社区成员的联系纽带被打破重构，相应的，社区组织形式和管理职能也发生变化。在姜堰区城西片区的社区中，尤其在马厂小区、陈庄新区等安置社区，村民小组正逐渐被城市社区组织所取代，原有的联系纽带被打破，村民小组的界线日益模糊。例如，陈庄新区是最大的安置社区之一，居民由原来农村地域的多个村庄和多个村民组构成，包括原本不属于城西片区的石黄村、南石村等村庄的居民。搬入统一规划和建设的安置社区后，各村庄和各居民小组的成员分布被打散，原有的村民小组无法对陈庄新区行使管理和协调职能。为此，开发区设立了陈庄居委会对陈庄新区进行管理，负责社区日常的文化活动组织、治安、社区环境治理、宣传等活动，包括设立村务公开宣传栏进行政务公示、科普教育、法律常识宣传、党和国家的政策宣传，成立社区文明协会进行社区精神文明建设工作，聘用社区卫生保洁员清扫社区道路及垃圾等。社区的管理职能逐渐完善，社区管理模式从传统的农村乡土管理模式向城市社区现代管理模式转变。

需要指出的是，半城市化地区仍有传统农村社区和过渡社区存在。例如划归姜堰经济开发区较晚、城市化进程刚刚起步的新南村，它的社区形态和管理功能仍维持原有模式。此外，在开发区建设初期，为了节约征地成本，对陈庄村、前马村部分村民组采取只征收农田而绕过村民宅基地的征地模式，所留下的"老庄"也保持原有社区形态，建筑风格混杂，缺乏统一规划。与此同时，这些老社区内部各项事务如治安、村容整治等也缺少相关部门的管理，处于较混杂和无序的状态。而在城西片区最早的安置社区——马厂小区，虽然社区形态表现为统一、整齐的楼房，但在原有村民小组的管理和联系纽带断裂后，社区没有及时建立起类似陈庄新区居委会那样强有力的管理部门，社区管理建设严重滞后。

总体而言，由于村庄所处的城市化发展阶段和发展历程不同，相应的，半城市化地区的农村社区形态和管理模式各不相同，既有形态和管理模式都接近城市社区、已基本完成转型的社区，也有维持原有形态和管理模式、等待转型的社区，还有社区形态和社区管理模式不同步、处于过渡阶段的社区，呈现出多种社区形态和社区管理模式混合的特征。

2. 人口结构和家庭结构特征

（1）人口结构特征

人口结构主要包括人口性别结构和人口年龄结构两方面。

姜堰区城西片区的人口结构特征表现为男性比例下降和人口老龄化严重两个方面。在家庭入户调查中,笔者发现,与其他半城市化地区类似,姜堰区城西片区存在劳动力外流现象,在这些家庭里,外出打工的多为年轻的家庭成员和男性家庭成员,留守成员多为老人和妇女,出现了一定比例的空巢家庭。对居民家庭基本信息的调查也印证了这些人口结构特征。首先,从人口性别结构来看,2011 年姜堰区男女性别比为 102.02:100,男性数量略高于女性。然而姜堰区城西片区的男女性别比为 92.96:100,男性数量明显少于女性。其次,人口年龄结构方面,一般采用老年系数,即一个国家或地区 60 岁以上人口占总人口的比重来界定该国家或地区是否进入老龄化社会,通常将老年系数达到 10% 或以上作为老龄化的标志。在姜堰区城西片区,老年系数达到 18.55%,老龄化现象十分严重。

值得注意的是,在对农村居民的走访中,居民反映,由于农村经济发展水平低下,年轻人认为留在农村的发展空间较小,更倾向于年轻时外出闯荡,而在结婚生子后,迫于生活成本的压力和孩子上学的考虑,会有部分人回流到农村,造成当地 31~40 岁年龄段人口比重高于 19~30 岁年龄段人口比重的现象。其中,农村居民 19~30 岁年龄段的年轻人流出效应更为明显(图 5-9)。

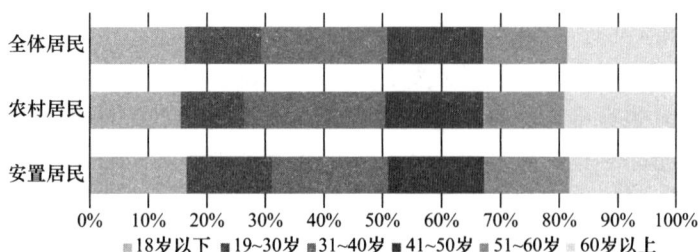

图 5-9　姜堰区城西片区居民人口年龄结构

资料来源:作者调研。

（2）家庭结构特征

家庭结构包括家庭人口要素和家庭模式要素两个基本方面。家庭人口要素即家庭由多少人构成，也即是家庭规模的大小，通常分为大家庭和小家庭。相对而言，人口较多的称为大家庭，人口较少的称为小家庭。家庭模式要素指家庭成员之间怎样联系，并因联系方式不同而构成的不同家庭结构模式。对家庭模式有不同分类，其中最通行的分类方法是按家庭的代际层次和与亲属的关系把家庭分为：1）核心家庭，即由父母及其未婚子女所组成的家庭；2）主干家庭，祖父母、父母和未婚子女等直系亲属生活在一起的家庭模式，比如由父、母、子、媳所组成的家庭；3）联合家庭，即由父母和两对或两对以上已婚子女所组成的家庭，或者是兄弟姐妹婚后不分家的家庭；4）空巢家庭，指子女长大成人后从父母家庭中相继分离出去，只剩下老年一代人独自生活的家庭；5）其他家庭，以上 4 种类型以外的家庭（杨菊华，何焰华，2014）。

近三十年来，在多方面因素影响下，我国的家庭结构呈现出一些新的特征，主要表现为家庭规模逐渐小型化，家庭模式逐渐多样化。2010 年第六次全国人口普查结果显示，全国平均每个家庭户人口为 3.10 人，户均人口规模接近美国、加拿大等发达国家户均 3 人左右的水平。江苏的户均人口规模低于全国水平，达到 2.94，家庭规模进一步减小。与此同时，家庭模式呈现出以核心化家庭为主的趋势。此外，在核心家庭外，出现了其他非核心化的小家庭式样，如空巢家庭、丁克家庭、单身家庭、单亲家庭等，家庭模式日益多样化。

本章按照家庭人数的多少将姜堰城西片区居民家庭划分为不同家庭规模，同时，采用通行的家庭模式分类方法，将家庭分为核心家庭、主干家庭、联合家庭、空巢家庭和其他家庭 5 个类型，观察和分析姜堰区城西片区家庭结构情况，结果见表 5-2。

全体居民 （样本数量：353）	家庭模式					总计
		核心家庭	主干家庭	联合家庭	空巢家庭	其他家庭	
家庭规模	2人以下	0.00	0.00	0.00	6.23	1.70	7.93
	3人	18.41	1.13	0.00	1.70	0.57	21.81
	4人	1.13	17.85	0.85	0.00	0.00	19.83
	5人	0.00	37.39	1.42	0.00	0.00	38.81
	6人	0.00	4.82	1.70	0.00	0.00	6.52
	7人以上	0.00	0.00	5.10	0.00	0.00	5.10
总计		19.55	61.19	9.07	7.93	2.27	100.00

农村居民 （样本数量：133）	家庭模式					总计
		核心家庭	主干家庭	联合家庭	空巢家庭	其他家庭	
家庭规模	2人以下	0.00	0.00	0.00	4.51	0.75	5.26
	3人	21.05	0.75	0.00	1.50	0.75	24.06
	4人	0.75	17.29	2.26	0.00	0.00	20.30
	5人	0.00	36.84	2.26	0.00	0.00	39.10
	6人	0.00	3.76	1.50	0.00	0.00	5.26
	7人以上	0.00	0.00	6.02	0.00	0.00	6.02
总计		21.80	58.65	12.03	6.02	1.50	100.00

安置居民 （样本数量：220）	家庭模式					总计
		核心家庭	主干家庭	联合家庭	空巢家庭	其他家庭	
家庭规模	2人以下	0.00	0.00	0.00	7.27	2.27	9.55
	3人	16.82	1.36	0.00	1.82	0.45	20.45
	4人	1.36	18.18	0.00	0.00	0.00	19.55
	5人	0.00	37.73	0.91	0.00	0.00	38.64
	6人	0.00	5.45	1.82	0.00	0.00	7.27
	7人以上	0.00	0.00	3.18	0.00	0.00	3.18
总计		18.18	62.73	7.27	9.09	2.73	100.00

资料来源：作者调研。

　　江苏省家庭户均人口规模为2.94人，处于较低的家庭规模水平。然而，笔者在对姜堰区城西片区的调研中发现，当地的家庭规模仍较大。调查结果显示，城西片区全体居民家庭人口均值为4.35人，其中农村居民家庭户均人口4.41人，安置居民家庭户均人口 4.32 人，农村居民家庭规模略大于安置居民家庭规模。

如图 5-10 所示，姜堰区城西片区全体居民中，少有 7 人以上的大家庭，家庭规模以 3 人、4 人、5 人为主，三种规模的家庭比例之和达到 80.45％，其中农村居民和安置居民的三种规模家庭比例之和分别为 83.46％和 78.64％。而在这三种家庭规模中，又以 5 人户的比例最高，5 人户在全体居民、农村居民和安置居民中的比例分别为 38.81％、39.10％和 38.64％。

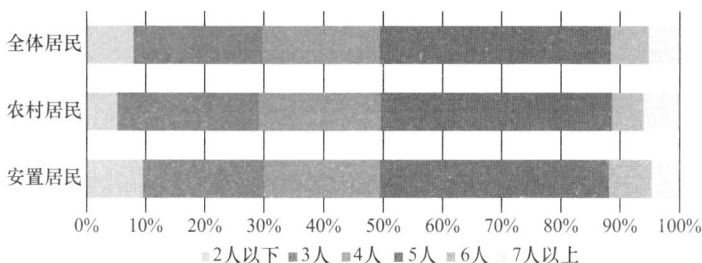

图 5-10　姜堰区城西片区家庭规模
资料来源：作者调研。

图 5-11 显示，该区域内的家庭模式主要为核心家庭和主干家庭，两种家庭模式比例占到 80％以上，其中又以主干家庭为主要家庭模式，其比例约为核心家庭比例的三倍。需要注意的是，农村居民中核心家庭比例（21.80％）高于安置居民的核心家庭比例（18.18％），而主干家庭在安置居民中的比例（62.73％）较其在农村居民中的比例（58.65％）更高。另外，联合家庭在农村居民中的比例（12.03％）高于其在安置居民中的比例（7.27％），空巢家庭的比例则是安置居民中的比例（9.09％）高于其在农村居民中的比例（6.02％）。

结合调研数据和实际走访中的情况，笔者发现，姜堰区城西片区居民家庭以 2—2—1（即父母—子媳—孙）的 5 人户主干家庭为主，其次为 3 人户的核心家庭和 2—2（父母—子媳）或

1—2—1（父或母—子媳—孙）的 4 人户主干家庭，联合家庭和空巢家庭比例较小，表现出家庭规模缩小，家庭结构趋于简单化的特征。图 5-11 为姜堰区城西片区家庭模式。

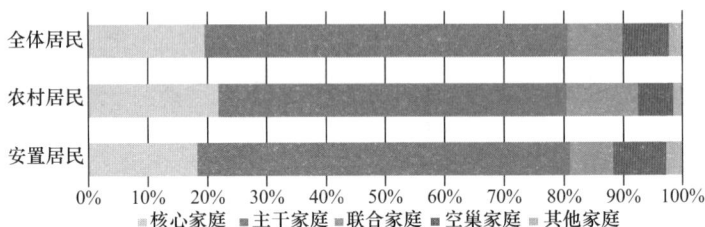

图 5-11　姜堰区城西片区家庭模式
资料来源：作者调研。

3. 职业结构变迁

城市化和工业化引发地区就业结构改变、加速人口流动等社会效应（Ginsburg，1991）。在半城市化地区，土地征用带来的直接社会效应之一是削减农业在就业结构中的比例。在调研中我们发现，姜堰城西片区的安置居民中失地农户比例为 87.00%，农村居民中拥有耕地的家庭较多，但仍有半数以上家庭的耕地被征收，失地农户比例达到 62.41%，而在开发较早、城市化水平较高的陈庄村和前马村，失地农户比例分别高达 90.63% 和 78.57%。

另一方面，开发区内的各类工厂和城区的商业机构等为城西片区的农村居民提供了更多的非农就业选择。我们对姜堰区城西片区居民就业情况进行了调查，调查对象为 18～60 岁的居民，其中不包括正在接受全日制教育的学生。调查结果显示，该地区居民的职业构成以非农产业为主，从事非农产业的农村居民和安置居民分别占各自职业构成的 54.28% 和 70.03%，农业和半工半农职业所占比重较小（表 5-3）。值得指出的是，安置居民的耕地拥有率较低，造成部分家庭成员既无田可种，又无业可就，因此安置居民失业率（24.52%）高于农村居民失业率（18.34%）。

姜堰半城市化地区居民从业性质（%）　　　　表 5-3

	农业	半工半农	非农产业	无工作	（样本数量）*
全体居民	7.94	6.20	63.79	22.07	（1033）
农村居民	14.67	12.71	54.28	18.34	（409）
安置居民	3.53	1.92	70.03	24.52	（624）

* 对居民从业性质的调查涉及被调查居民的全部家庭成员，故样本数量大于有
效问卷数量

资料来源：作者调研。

国内外研究已经证明，半城市化地区是经济活动最活跃、
经济增长最快的地区，且半城市化地区大多位于大都市边缘，
具有优越的区位条件，对劳动力有明显的吸引力。因此，与经
济较为落后的农村地区相比，半城市化地区的居民能够就近得
到就业机会，劳动力流出效应不明显。姜堰区城西片区作为城
市中心功能西拓的承载区，加上姜堰经济开发区这一良好资源，
为当地居民提供了充足的就业岗位。调研结果显示，姜堰区城
西片区居民的首选工作地点为姜堰城区，次选地点为本村或开
发区（图 5-12）。同时，在走访中我们发现，当地居民少有举家
迁往姜堰城区或泰州市工作的现象，多采用通勤的方式，白天
出去工作，晚上回家居住，在姜堰城区和城西片区之间进行钟
摆式的流动。

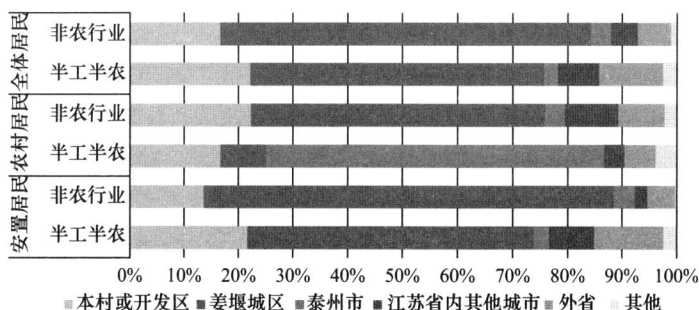

图 5-12　姜堰区城西片区居民工作地点
资料来源：作者调研。

4. 家庭收入变迁

农民收入问题是三农问题的核心，也是农村发展中需要解决的突出问题之一（张秀生等，2007）。我国长期的城乡二元经济结构和工农业产品价格"剪刀差"，导致农民负担过重，收入偏低，收入增长缓慢。随着改革开放后家庭联产承包责任制度的推行，极大地促进了农民生产积极性，提高了农业生产效率。加上农村剩余劳动力进城打工，以及农村出现的"离土不离乡"、"进厂不进城"等农村非农产业形式，增加了农村家庭在农业生产之外的收入来源，农民收入得到大幅增长。在对城西片区居民的家庭月收入调查中，笔者发现，当地居民家庭月收入 2000 元以下的比例较小，大多数家庭的月收入在 2000～3999元，以家庭为单位测算的收入水平较低（图 5-13）。

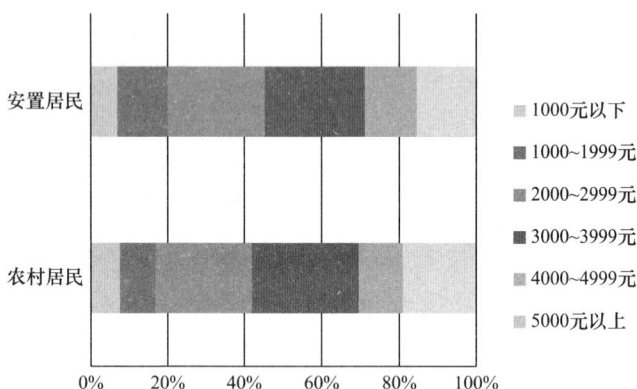

图 5-13　姜堰区城西片区居民家庭月收入水平
资料来源：作者调研。

传统农业社会里，经济以自给自足为主，农业生产收入是农民唯一的经济收入来源，呈单一"板块式"的收入结构（刘敏，2000）。在城市化进程中，土地征收、劳动力输出等因素，打破了半城市化地区居民"板块式"的单一收入结构，收入来源呈现出多元化的态势。在姜堰区城西片区，家庭收入来源已发生根本性的变化：外出打工成为绝大多数农村居民家庭（72.93%）和安置居民家庭（74.44%）的主要收入来源。务农仍为部分农村居民家庭（25.56%）的重要收入来源，但对安置居民家庭来说，已不再是收入的主要来源（表5-4）。此外，由当地征地补偿条件之一的"土地换社保"政策带来的社保收入，也是一些家庭的主要收入来源。

姜堰城西片区农村居民家庭月收入来源（%）　　表5-4

	务农	外出打工	经营小生意	经营企业	房屋出租	正式工作❶	社保❷	其他	（样本数量）❸
农村居民	25.56	72.93	13.53	1.50	—	12.03	6.02	3.76	（133）
安置居民	2.69	74.44	8.07	1.35	0.90	14.35	8.52	3.14	（223）

❶ 包括工资和退休金。
❷ 征地中给农村居民提供的"土地换社保"。
❸ 每户家庭可能有超过一个的收入来源，故家庭月收入来源各选项百分比之和超过100%。
资料来源：作者调研。

5. 生活方式变迁

生活方式是指不同的个人、群体或全体社会成员在一定的社会条件制约和价值观指引下，所形成的满足自身生活需要的全部活动形式与行为特征的体系（向德平，2002）。一般来说，广义的农村居民生活方式指农民在农村社会客观条件制约和农民已经形成的主观意识支配下从事各种生产活动与社会活动的生活方式，包括农村居民的劳动生活方式、交往生活方式、消费生活方式、婚姻家庭生活方式、闲暇生活方式等。狭义的农村居民生活方式将生产方式排除在外，专指农民对物质和精神生活资料的消费方式、社会交往方式和日常生活方式，即闲暇生活方式（朱启臻，2002）。随着经济的发展、城市化建设和城乡联系的逐渐紧密，城市向农村输入新的知识和观念，促进了农村传统生活方式的变迁。本章根据研究需要，从居住方式、休闲娱乐方式、日常生活等方面对姜堰区城西片区农民生活方式变迁进行考察。需要注意的是，本章中农民生活方式变迁的考察对象主要为安置居民。

居住方式是与生产方式和居住环境相联系的。农民的传统生产方式是耕、种、养，在人的居住空间之外，还要有养殖场地，以及存放和贮存生产工具和收成的空间，因此农村住房往往配有院落和粮仓、圈栏等配房。在半城市化地区，拆迁安置引起了农民居住空间的转移和居住形态的改变，农民居住方式也发生了相应的变化。姜堰区城西片区的安置房主要有单元式楼房和低层别墅两种形态，其中单元式楼房又包括单层住宅和"楼中楼"跃层住宅。对安置居民，尤其是对居住在单元式楼房中的居民而言，"上楼"和"集中"成为居住方式最大的改变。农民由过去一家一户、单独院落、低密度的散居形式，转变为统一选址、统一建设、楼上楼下的高密度集中居住形式，居住密度增大，房屋户型和设施向城市住房靠拢。

半城市化地区农民职业的非农化特征越来越明显，从事非农产业的农民比例上升，这部分农民的生产时间由从事农业生产时的季节性时间变成每日固定的上下班时间，闲暇时间也成为较为固定的双休日等形式。另一方面，劳动生产率和经营管理效率的提高，为农民闲暇时间的增多提供了条件。随着社会经济的发展和农民闲暇时间的增多，农民的休闲娱乐方式出现了变化。例如，随着互联网的普及，越来越多的农民开始接触网络并将其作为主要休闲娱乐方式之一，在业余生活安排中，分别有26.32%的农村居民和22.07%的安置居民选择"上网"。由表5-5可见，姜堰区城西片区农民的休闲娱乐方式仍停留在简单而传统的层次上，"看电视"、"与亲朋好友聊天"和"打麻将、打扑克"、"上网"是主要的休闲娱乐方式，"运动健身"、"看书"、"看电影"和"逛公园"的比例较小，还有9.77%的农村居民和8.11%的安置居民表示自己"没有休闲活动"。

姜堰区城西片区农民休闲娱乐方式（%）　表 5-5

	看电视	看书	看电影	逛公园	与亲朋好友聊天	（样本数量）❶
农村居民	81.20%	9.77%	5.26%	3.01%	52.63%	（133）
安置居民	81.98%	11.71%	1.35%	8.11%	50.45%	（222）
	打扑克、打麻将	上网	运动健身	没有休闲娱乐	其他	（样本数量）❶
农村居民	35.34%	26.32%	16.54%	9.77%	3.76%	（133）
安置居民	31.08%	22.07%	18.02%	8.11%	8.11%	（222）

❶ 该题为多选题，故各选项百分比之和超过 100%。
资料来源：作者调研。

　　然而，笔者在调查中注意到，安置居民仍保留着部分农村生活方式。城西片区单元式安置楼房的居民房从第二层开始，底层平均分配给每户居民作为车库。然而，绝大多数家庭的车库都被用作其他用途。有家庭将车库作为存放农具或杂物的贮藏空间；有家庭将车库开发成为店面做些小生意，经营日常生活用品；有将车库作为聚会空间，进行打牌、打麻将等休闲娱乐活动，或作为妇女们集中制作手工制品的小作坊；其中，比例最大的是将车库用于居住。实地调查发现，大部分家庭都将底层车库进行了改造，接入水、电等设施，让它变得更适合居住。家中年龄较大的老人由于身体原因，对需要上下楼梯的居住方式不适应，便居住在改造后的车库里。家庭中其他成员日常的大部分活动时间也在车库中。居民认为，楼房的私密性阻碍了邻里间关系的密切和互动，通过将车库改造成重要的居住空间并生活其中，安置居民试图重构类似传统乡村社区的非私密居住空间，方便邻里亲戚之间的互访和社区成员间的互动，拉近邻里距离，形成和睦友好的社区氛围，增强社区凝聚力。

　　调查中还发现，安置居民保持原有生活方式的另一个原因是出于减少家庭开支的考虑。例如，能源方面，相比天然气、电等，柴火是更为节省家庭开支的能源，安置小区内不少家庭使用中间烧柴的"空心壶"烧水获取热水，也有部分家庭使用柴火炉做饭烧菜。又如，虽然该地区自来水覆盖率已达到100%，每家每户都有自来水入户，但为了节约水费，居民除了饮用、做饭等使用自来水外，很多农民别墅区的家庭在院落中打井取水用于洗衣、拖地等对水质要求不高的活动。

6. 居民身份认同

认同的内涵很丰富，包括主体、语言、心理等一系列理论和内容。一般来说，认同可以分为自我认同和社会认同两大类，自我认同是指个体依据自身经历，对自我价值的评价和定位；社会认同是指个体认识到其从属于特定的社会群体，以及群体身份带来的情感和价值意义（Fearon，2012）。身份认同本质上属于社会认同，指个体以特定社会中的人或者社会群体为参照，将自己或他人定位为某一社会类别（李友梅等，2007）。身份认同建立在个体对自身身份和角色的理解和把握基础之上，是个体进行社会活动的基础，对个体具有非常重要的意义。

目前，我国正处于由传统农业社会向现代工业社会转型的重要时期，半城市化地区是在这一转型过程中出现的过渡地带，它的景观、社会经济构成等方面都处于从农村到城市的过渡阶段。作为半城市化地区的重要构成要素之一，该地区的原住农民是一个处于过渡中的社会群体，他们的个体认同和社会认同正在发生转化。原住农民的身份认同可以理解为农民在城市发展、城市经济建设和城乡居民互动交往中，基于城乡差异和城乡居民差异的认识而产生的，对自身身份认知、感情依附、未来归属等产生的主观性态度，是考察半城市化地区城乡融合和原住农民市民化的重要指标。

在中国，严格的城乡二元户籍制度将人口划分为"农业人口"和"非农业人口"，为人口在城市和农村之间的自由流通设置了壁垒，使得城市居民和农村居民在收入、就业、教育、流动性等方面均存在巨大的差异，"居民"和"农民"两个群体出现了分化，形成了各自独特的社会组织方式、文化和心理状态。可以说，"农民"一词指的不仅仅是一种职业，更作为一种身份的象征，城市居民和农村居民因户籍性质的不同而有着不同的身份认同。改革开放后，城乡人口流动的障碍被打破，在半城市化地区，随着工业化和城市化的推进，越来越多的农民被纳入城市体系并越来越多地参与到城市生活和非农产业中。与此同时，半城市化地区农民职业的非农化程度越来越高，逐渐从农民向居民过渡，自我认同和社会认同出现了变化。从对姜堰区城西片区原住农民的问卷和访谈结果来看，农民身份认同的变化主要表现为农民的身份认同尴尬，以及户籍性质对农民身份认同的影响被削弱。

首先，从户口性质来看，虽然安置居民 21.13％的家庭中有非农业户口成员，但姜堰区城西片区村民以农业户口为主，其中农村居民中农业户口的比例为 100％。若按照"户口性质决定身份认同"的传统身份认同视角，姜堰区城西片区的绝大多数村民应认为自己是农村人。然而在与村民的访谈中，笔者发现，村民对自己的身份认同有模糊化的趋势，认为自己既不是农村人，又不是城市人，处于"城乡两不搭"的尴尬境地，且这种情况在安置居民和土地被征用的农村居民中表现得尤为明显。问卷调查显示，当地从事非农职业的村民占到六成以上，但就业性质的改变并未造成村民身份认同的根本变化，村民更倾向于用家中是否还有土地和是否在城市中拥有正式工作作为身份认同的指标。在马厂安置区、陈庄安置区以及陈庄村与被访谈的失地农民谈到身份认同问题时，他们说道："我们现在是既不像城市人，又不像农村人。说自己是农村人吧，又没有田种；说是城里人吧，又没有正式工作，也没有享受城里人的待遇。"身份认同的形成是一个长期、复杂的过程，影响因素众多，虽然城市扩张将半城市化地区的农民纳入城市范围，并经由征地和拆迁安置及其补偿手段改变了农民的职业性质和居住形态，让农民在地域范围上实现了"进城"，但户籍制度改革和社会保障体系建设的滞后，并未让农民从心理上真正融入城市。

其次，随着户籍制度的逐渐放开，加诸于户籍上的一些权利、义务和象征意义被逐渐削弱，农民不需要获得城市户口即可在城市中工作和生活，城乡居民在劳动就业、社会公共服务等方面趋向同质化，户口的重要地位日益下降，户籍性质对农民身份认同的影响呈弱化的趋势，这一趋势可以从对姜堰区城西片区农村居民"是否愿意改变户口性质，成为城市居民"这一问题的调查结果中发现。表5-6可见，对于是否愿意改变户口性质，选择"不知道"的农村居民比例最大，占到45.11%，他们认为，"现在户口没那么重要了，农村户口和城市户口都是一样的"，将户口进行"农转非"的意义不大。有即将面临拆迁安置的村民表示，对于等拆迁的农民来说，将户口转为城市居民户口意味着"家里少拿一份拆迁款，甚至可能少分一套安置房"，反而成为不明智的做法。因此，农村户口比城市户口更具含金量。

农村居民对改变户口性质的看法（%）　　　　表5-6

愿意改变户口性质	不愿意改变户口性质	不知道	（样本数量）
39.10	15.79	45.11	(133)

资料来源：作者调研。

5.2.3　城市化影响效应分析

影响半城市化地区生产环境、就业结构和居住方式的同时，城市化推动了当地居民生产方式的变化、居住环境的变迁和生活习惯的改变等。为了探讨城市化对居民的影响效应，本章着眼于居住质量、配套设施、基础设施、生活方式、社会保障、就业等方面，试图多角度地、深入地分析半城市化地区居民的得与失。

需要指出的是，由于所处城市化阶段不同，城市化对农村居民和安置居民的生活影响程度也是不同的：对安置居民而言，其居住条件、基础设施等方面已接近城市，生产生活方式也已经发生较大改变，本研究侧重于关注城市化对居民"已经"造成的影响；而对农村居民而言，城市扩张和建设正在进行，或是未来几年内可预见的事实，城市化正在或即将影响他们的生产生活方式，本书主要关注城市化可能带来的影响，是一种"倾向性"的研究。

1. 城市化对安置居民的影响效应

首先，城市化对安置居民生活"硬环境"的提升有着积极的影响。调查结果显示，超过半数的安置居民认为目前的居住质量得到提高、基础设施和配套设施更加完善（出行、购物、就医、子女就学更加便利）（图5-14）。大部分安置居民表示，相比"住房随便修、垃圾随便倒"的自然村落，统一规划、环境优美的社区环境"肯定是好得多了"。就基础设施和配套设施而言，修建年份较早的安置社区周边已形成较完善的交通路网，并有公交线路经过，大大方便了居民的出行。在较大的安置社区如马厂小区、马厂新区和陈庄新区，居委会设立了社区医疗服务站，解决社区居民的看病问题。此外，虽然安置社区居民普遍反映小区周边大型商场、学校、大医院等配套设施较少，但是交通路网的逐渐完善，缩短了居民到达姜堰城区同类设施的时间，提高了城区配套设施的可达性，于是"交通方便了，这些（购物、就医、子女就学）都方便"。

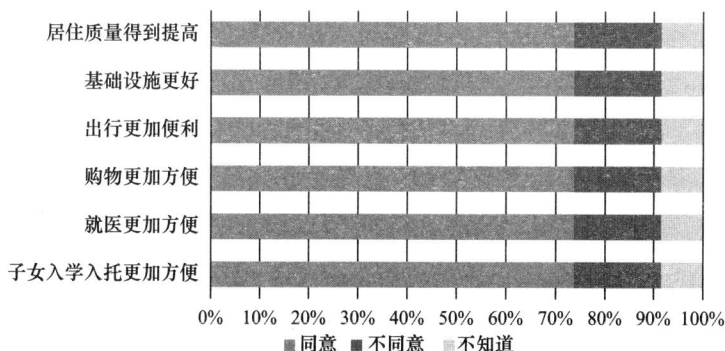

图 5-14　姜堰区城西片区安置居民对城市化积极影响的看法
资料来源：作者调研。

其次，城市化给安置居民在就业、社会保障方面带来了一定的积极影响。就业方面，26.91%的居民表示，随着城市化的推进和经济的发展，自己或家人获得了更多的就业机会，另有69.05%的安置居民认为城市化对就业形势没有多大影响，仅有4.04%的居民表示就业形势比以前差。社会保障方面，51.57%的居民表示，通过政府的"土地换社保"政策及失地农民的工作扶持政策，家庭成员获得了较完善的社会保障福利。需要注意的是，仍有四分之一左右的居民对家庭成员的社会保障问题表示担忧，担忧的主要问题之一是"土地换社保"的保障力度较小。按照政策，对已办理"土地换社保"的居民，女性年满56岁、男性年满61岁可按照保障最低标准647元/月领取社保金，其后以年龄5岁一档，从70岁起以30元/月递增，如70～75岁的老人每月可领取677元生活保障金，75～80岁老人的生活保障金则增加到707元/月。然而，在通货膨胀、物价水平飞涨的宏观经济形势下，这样的社保标准显得太低，对老人而言，如果没有儿女的经济支持，保障金仅够维持日常的吃饭、水电费等基本生活开销。

第三，在生活质量方面，安置居民认为城市化的消极影响大于积极影响。一方面，虽然居民普遍认为居住环境比以前有所改善，但部分居民反映，安置房的建筑质量不好，尤其是由政府统一修建的安置房，存在立面开裂、漏水等问题。这是我们对江苏、安徽等多个安置小区调研中，发现的普遍问题。另一方面，外出打工挣的货币收入增加幅度不大，只有15.25%的居民认为家庭收入得到增加。与此同时，安置居民的耕地被征收之后，一些原本可以自给自足的粮食、蔬菜等均要到市场购买，家庭支出增大，实际可支配收入减少。有60.09%的居民表示，土地被征收、成为"准城市居民"后，收入没增加多少，生活成本却大大提高，降低了生活质量。

2. 城市化对农村居民的影响效应预期

与安置居民类似，农村居民认为城市化将提升生活的硬件条件水平，六成以上居民表示居住质量、基础设施、配套设施将比现状更好。同时，笔者注意到，对城市化的积极效应预期，四分之一左右的农村居民选择了"不知道"，他们在访谈中表示，今后的生活、生产环境取决于政府，自己"不清楚政府的打算"，具体的居住区位、交通条件、供水状况、医院和超市等基础设施和公共服务水平要"看政府怎么安排"（图 5-15），说明政府在农村和农民的城市化过程中扮演着重要角色。

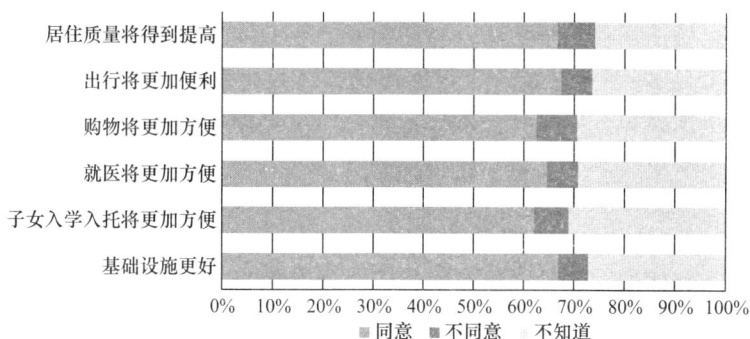

图 5-15　姜堰区城西片区农村居民对城市化积极效应的预期
资料来源：作者调研。

就社会福利保障和就业机会而言，由于有先期村民在城市化过程中的"土地换社保"和就业安置政策作为参考，加上随着城乡一体化建设的稳步推进，姜堰区出台了新型农村养老保险和新型合作医疗保险，扩大了农村社会保障和医疗保障的覆盖面，农村居民对城市化可能给社会福利保障带来的积极影响持乐观态度。45.04％的农村居民认为，城市化将帮助家庭成员获得完善的养老保险、医疗保险等社会福利保障。然而，农村居民认为城市化给就业带来的积极影响较小，仅有 15.27％的居民表示家庭成员能在城市化过程中获得更多就业机会。农村居民认为，工作"都是靠自己找"，主要还是"看这个地方经济发展好不好"。

农村居民认为，城市化对生活质量的消极影响大于积极影响。59.23％的农村居民认为城市化将带来生活开支增大、生活成本提高的问题。一方面，部分农村家庭已失去全部或大部分耕地，这部分居民的看法与安置居民类似，认为在收入增加不多的情况下，"样样东西都要买"给家庭开支带来了巨大的压力，增加了家庭负担，"有些吃不消"。另一方面，尚未失去耕地的农村居民也对此问题忧心忡忡，70.77％的居民担心失去耕地后，生活来源得不到保障，难以维持目前的生活水平。农村居民对生活质量的担忧还表现在，对于习惯了独门独院生活的农村居民，尤其是老人来说，短时期内难适应城市社区的生活，楼房居住将导致活动空间缩小、生活质量下降。问卷调查结果显示，44.26％的农村居民认为，自己或其他家庭成员将不习惯城市社区生活。除此之外，由于目前城西片区中心区的城市建设已基本完成，部分农村居民认为未来很有可能被迁往较为偏远、发展相对落后的地区，交通便捷度将大打折扣，43.08％的居民对此问题表示担忧。

总体而言，城市化对半城市化地区居民生活的影响效应体现在"硬环境"和"软环境"两方面，且城市化对"硬环境"的提升作用，大于其对居民生活"软环境"的提升作用。其中，对"硬环境"的正面影响，包括居住环境的改善、基础设施和公共服务设施的完善；对"软环境"的正面影响，表现为大部分居民在城市化过程中能够得到相对完善的社会保障，以及城市化对居民就业的促进作用，但是由于保障力度较小，仍有部分居民对家庭成员的社会保障问题表示担忧。同时，与居住环境提升相悖的，是居民生活质量的下降，出现这一问题的原因主要是土地被征后居民失去来自于土地的隐形收入，导致家庭开支增大、生活成本提高。

5.3 半城市化地区城市化进程中出现的问题

5.3.1 土地利用混杂低效

半城市化地区，大量农业用地快速转化为非农建设用地，集中、成片的耕地被征收用于工业、商业、交通等各种建设用途。由于发展迅速和缺乏科学规划指导，半城市化地区呈现出土地利用类型多样、各类用地类型混杂的特点，土地利用的集约度较低（Oatley，1997）。相应的，带来了半城市化地区产业空间分布集聚度较低的问题，造成了土地利用低效、环境污染等一系列问题，限制了当地产业、空间功能的进一步整合。

目前，姜堰区城西片区仍以农业用地为主，农业用地占到该地区总面积的 60% 以上。在城镇建设用地中，居住用地、工业用地、仓储用地分别占该地区城镇建设用地的 36.39%、18.74% 和 2.84%，但是，依据该片区的土地利用现状图，结合实地调查情况可以发现，该地区城镇建设用地与农村建设用地混杂，工业区、城市居住用地、农村居住用地等各类用地界线模糊，尤其是工业区与居住区之间缺乏明显的界线，工厂的生产活动对居民的生活质量产生了直接或间接的负面影响。例如，陈庄小区与光大波纹管公司等几家工厂仅一墙之隔，工厂生产时的噪声、废气等造成了噪声污染和大气污染，严重干扰了小区居民生活，同时也影响该地区整体居住环境的提升，制约当地房地产业的发展。另外，该地区新建商品房楼盘的规划和建设也没有充分考虑对村民居住区的影响，在两类居住小区的边界地区，由于房屋间距过小，加上商品房的建筑高度普遍高于村民的房屋高度，给村民房屋的采光、通风等带来了负面影响。

另一方面，半城市化地区的城市建设和功能转型过程中还存在围而不建、建而闲置等土地利用效率低下的现象。在姜堰区经济开发区建设初期，政府向村民征收了大量耕地用于道路、厂房的建设，然而由于招商引资不及时，以及开发区的盲目征地行为，被征耕地的开发建设速度往往滞后于征地速度。调查中发现，该地区部分地块已被政府用围墙将边界圈起来，却迟迟没有动工建设。虽然这些地块的土地性质已经改变，但它们或是被闲置，或是由村民继续耕种，造成了较为突出的土地闲置问题。当地村民反映，"开发区把我们的耕地征用了但又不开发，一放就是十几年，当时种的粮食全毁了不说，土地荒废这么多年实在太可惜"。此外，由于这一片区正在进行"退二进三"功能调整，第二产业向开发区更为西面的区域转移，企业迁出城西片区后，政府对原有厂房的二次开发和改造不及时，厂房闲置现象凸显。

在经济快速增长、土地资源紧缺的背景下，半城市化地区土地利用混杂、土地利用集约程度低、土地利用效率低下等问题不仅限制了土地生产率的提高，造成经济损失，也成为当地发展重大项目的主要阻碍因素，是半城市化地区亟待破解的问题。

图 5-16 为姜堰区城西片区土地利用现状图。

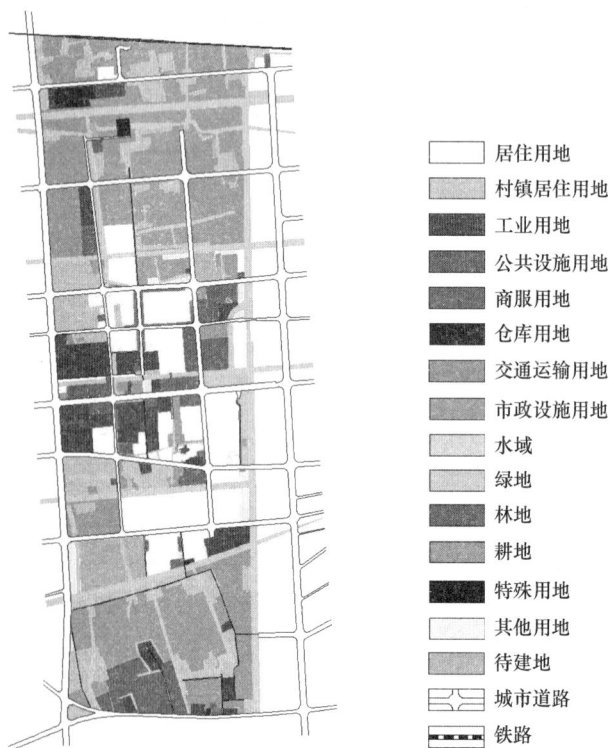

☐	居住用地
▦	村镇居住用地
■	工业用地
▦	公共设施用地
▦	商服用地
▦	仓库用地
▦	交通运输用地
▦	市政设施用地
▦	水域
▦	绿地
▦	林地
▦	耕地
■	特殊用地
☐	其他用地
▦	待建地
▤	城市道路
▦	铁路

图 5-16　姜堰区城西片区土地利用现状图

5.3.2 基础设施和公共服务设施匮乏

在长期城乡二元结构的影响下，我国对农村地区基础设施和公共服务设施的投入和建设力度较低，农村各项基础设施匮乏（Hall，1996）。经过城市化的建设，半城市化地区的基础设施完善度有所提高，但远未达到城市同等水平。为了充分了解姜堰区城西片区基础设施和公共服务设施的现状，笔者在问卷中对姜堰区城西片区居民对基础设施和公共服务设施的满意度进行了调查，同时结合实地走访和调查进行分析。

从表 5-7 中可以看出，姜堰区城西片区居民对基础设施和公共服务设施的总体满意度较高，其中有半数以上居民对交通、医疗、购物等表示满意，对教育设施、卫生状况表示满意的居民也接近 50%，但问卷调查和访谈结果仍暴露出姜堰区城西片区基础设施和公共服务设施不完备的问题。

交通方面，该地区主干道路框架基本成型，同时开通了公交线路，对外交通较为便利，但自然村落内尚未形成完整的道路网络，且缺乏配套的公交网络，给当地居民，尤其是自然村落居民的出行造成极大不便。此外，虽然便利的交通能提高学校、医院等公共设施的可达性，在一定程度上弥补当地教育、医疗等资源的不足，但姜堰区城西片区文化教育、医疗、商业服务资源匮乏，研究区内仅有 1 所学校（包括小学和初中）、1 所幼儿园、1 个小型商业中心和 3 家社区卫生服务站，缺少大型超市、菜场等购物场所和大型医院等医疗卫生设施。

姜堰区城西片区居民对基础设施和公共服务设施的看法（%）

表 5-7

	满意	一般	不满意	（样本数量）
对外交通便利度	64.89	16.57	18.54	（356）
子女就学便利度	48.84	17.34	33.82	（346）
看病就医便利度	50.00	21.07	28.93	（356）

	满意	一般	不满意	（样本数量）
购物便利度	52.25	20.79	26.97	（356）
使用文化场所便利度	7.58	7.58	84.83	（356）
使用运动场所便利度	12.64	7.02	80.34	（356）
卫生状况	46.07	32.30	21.63	（356）
安置居民	50.68	30.49	18.83	（223）
农村居民	38.34	35.34	26.32	（133）
垃圾收集处理情况	53.93	20.79	25.28	（356）
安置居民	62.78	20.18	17.04	（223）
农村居民	39.10	21.80	39.10	（133）

资料来源：作者调研。

文化娱乐方面，该地区未配套图书馆、电影院等文化场所和体育馆、篮球场等运动场所，与此相对应，居民对该地区的文化和运动设施满意度较低，分别有 84.83％和 80.34％的居民对文化和运动设施表示不满意。

环保环卫方面，虽然分别有 46.07％和 53.93％的居民对居住地卫生状况和垃圾收集处理情况表示满意，但调查中发现农村社区和安置社区的环卫基础设施不足，如垃圾箱数目过少等，社区内均存在不同程度的垃圾清理不及时、杂物乱堆现象。而对卫生状况和垃圾收集处理情况表示满意的农村居民（38.34％和 39.10％）均低于安置居民（50.68％和 62.78％），说明农村社区环保环卫问题较安置社区更为严重。例如，在城市化程度较低的新南村，排水和环保设施建设严重滞后，生活垃圾和污水未经处理即排入河道，造成了严重的环境污染（图 5-17）。

图 5-17　新南村环境污染情况
资料来源：作者拍摄。

5.3.3　原住村民的就业与社会保障形势严峻

土地征收改变了半城市化地区原住村民的就业（生产）习惯，虽然征地补偿政策和城乡一体化建设的推进为村民提供了养老保险等社会保障，但是土地、社保、就业仍然是农民在城市化中最为关心的问题（Dick 等，1998）。

一方面，当地原住居民的再就业形势严峻。该地区对失地农民的补偿以货币补偿为主、就业补偿为辅，就业安置多以体力劳动岗位为主。同时，当地原住居民学历水平普遍偏低（表 5-8），受文化水平、职业技能所限，当地居民在就业市场上缺乏竞争力，大部分人选择从事职业门槛较低的工人、服务员等行业。调研结果显示，仅有 22.60％的居民认为城市化和城市建设为自己和家人带来了更多就业机会，而在从事非农产业的姜堰区城乡接合部居民中，从事企业工人、建筑工人、服务员、临时工等职业的比例高达 70.41％。

姜堰区城西片区居民学历水平（％）　　　　　表 5-8

小学及以下	初中	高中	中专	大专	大学及以上	正在上学	（样本数量）❶
39.66	21.81	11.63	3.11	4.16	6.94	12.69	(1513)

❶ 对居民的调查涉及被调查居民的全部家庭成员，故样本数量大于有效问卷数量。

资料来源：作者调研。

另一方面，在我国农村地区，土地不仅是一项生产资料，更是重要的社会保障工具，农民将土地视作重要的生活保障。对于土地被征收，51.56％的居民对家庭成员的社会保障问题表示担忧。该地区对被征地农民采取"土地换社保"政策，对年龄较大的家庭成员以"退休金"形式发放生活补助，对年轻成员则以一次性货币补偿为主，社会保障效应缺乏长期性。此外，当地社保政策存在保障力度较小的问题，社保标准不能满足物价上涨下的居民生活需要。59.77％的居民认为，土地被征用后，家庭隐性收入减少，家庭开支增大，提高了生活成本。农村地区的社会保障制度关系到失地农民的生存和发展（Luo，2010），社会保障面小、社保标准低等问题必须在城市化中予以妥善解决。

5.3.4 农村社区管理功能滞后

根据国内外社区建设和治理经验，社区管理模式主要有政府主导型、社区自治型和混合型三种模式（李保明，2013），而一个成功的社区治理路径要能同时体现政府的参与和社区自治，并具有政府积极参与、社区非政府组织发达，自治程度和社区治理参与度高等特点。半城市化地区地处城乡交界处，社区形式多样，有城市社区、传统农村社区、安置社区等社区。随着城市化的推进，半城市化地区的农村社区正在向城市社区迅速转型，社区管理模式也做出相应的调整，原有村民委员会被撤销，代之以居民委员会等管理形式，社区管理体制向城市社区靠拢。然而，从短期来看，该片区的社区管理建设面临一些问题的困扰。

（1）管理协调机制不完善

伴随农村社区向城市社区的转型，半城市化地区的农村社区出现了多元管理主体并存的现象，包括开发区管委会、居委会、社区、村委会等管理主体，需要对这些组织各自的权属、职能进行界定和协调，建立完善的社区管理协调机制，方能保证社区的有效运转。目前，农村社区正处于社区转型初期，社区管理功能的建设尚在摸索阶段，部分社区缺乏合理、有效的管理协调机制，制约了农村社区的转型和发展。以马厂社区内的马厂安置区为例，马厂安置区内的农村居民以原马厂村村民为主，也有部分其他村的村民。开发区管委会为马厂社区成立了社区党总支、社区办公室作为统一管理的工作机构，同时，马厂村等村委会依然独立运作，对马厂安置区内的农村居民起着至关重要的管理作用。在日常管理工作中，虽然社区和村委会有较为明确的职能分工和角色定位，即社区主要负责基础设施的建设和维护，村委会则主要负责该村村民的社会事务，但两者之间的关系尚未理顺，管理资源难以得到有效整合。当安置区内的居民遇到需要处理的问题时，无法及时找到行使相应职能的机构和人员，社区管理低效。

（2）公共服务水平较低

公共服务水平的高低，决定着社区管理主体是否能够有效提高居民生活质量，推进社区精神文明建设。调查中发现，城西片区农村社区的公共服务水平存在一些不尽如人意的问题。

首先，社区服务观念落后。在推进农村社区向城市社区转型的过程中，政府将重点放在了社区物质水平建设上，却忽略了对居民生活质量提高具有重要意义的社区公共服务，社区普遍存在公共服务投入力度、资金、人员不足的现象，严重阻碍社区公共服务水平的提高。笔者在调查中了解到，多数社区没有安排专人负责保持社区环境卫生，也没有拨出资金用于环卫工作，比如设置垃圾桶、雇人定时清扫生活垃圾、对社区绿化带的景观进行维护等。同时，社区服务人员主要由当地村民组成，文化素质和技术水平欠缺，缺乏服务意识，整体素质较低，无法为社区居民提供高水平、高质量的服务。

其次，社区服务功能缺失。社区需要依托居委会和政府，协调社区内各方面力量开展居民生活、健康、文化、保障等服务内容，以满足社区居民的日常衣食住行和文化生活等多方面需求。转型期的农村社区由于管理协调机制不完善等原因，社会服务功能缺失，不能有效满足社区居民需求。例如，部分安置社区未修建社区大门，也没有安保人员来保障社区治安，降低了社区居民的心理安全感；居民在入住安置社区几年后，迟迟不能设置社区门牌号，甚至有些社区到目前依然使用临时用电，令居民缺少社区归属感；拆迁安置以后，随着村民小组的解体，安置社区内以混杂居住形式为主，社区居民缺少沟通和交流，而大部分社区极少开展各类集体性质的文化、体育、娱乐活动，社区文化氛围较差，社区凝聚力弱；对征地后农民就业难的问题，社区没能充分发挥社区服务作用，为居民提供职业培训；同时很难在企业和居民之间牵线搭桥，增加居民就业岗位，提高居民就业率。

（3）社区管理的公众参与程度低

农村社区管理关系到社区居民的切身利益，居民是社区建设和治理的主体，同时也是从中受益的客体，在社区管理中起到分担社区责任的作用，同时也有分享社区建设成果的权利。居民对社区管理事务的积极参与，对社区正常运行有着至关重要的影响，公众参与是社区管理的不可缺少的环节。

目前，半城市化地区农村社区管理中的突出问题之一是居民的参与度较低。一方面，虽然家庭联产承包责任制的推行弱化了农村集体组织在农民生产和生活中的地位，农民从"集体人"向"独立人"过渡，但现阶段农村社区居民的主人翁意识仍较差，对社区管理的参与意识与积极性均不高。同时，受文化水平所限，农村社区居民对社区管理的参与能力较弱。另一方面，农村社区居民的公众参与渠道较少，社区缺乏类似业主委员会那样的非政府、自治性的组织，开发区管委会和社区居委会在日常管理、决策中也没有引入公众参与环节，极少事前广征意见，多采用事后告知的形式，忽略了社区居民的实际需求。虽然居民对社区的发展和治理"有话要说"，为社区出现的问题感到忧心，想为社区建设出力，却苦于没有可以表达意愿、参与社区管理和建设的渠道，在社区运作中缺少发言权，社区自治能力不强。

5.3.5　原住村民市民化程度不高

农民市民化是一个内涵复杂的概念，它不单指人口在地域上从农村到城市的转移，或户口性质的改变，也不仅仅指职业从农业向非农业的改变，而是包括了生产方式、生活方式、意识形态、文化素质、身份认同等一系列要素从农民向市民的转变，是农民适应城市并具备城市市民基本素质的过程（王道勇，郧彦辉，2005）。农民市民化是城市化的核心所在，有利于推动城市化进程，对城市的经济发展和社会结构有着深远的影响。

　　农民的市民化程度是衡量城市化水平的重要指标之一。长期以来，我国的城市化工作偏重于人口从农村向城市的集中和户口性质的改变，却忽略了农村人口就业、教育、社会保障等各项权利的市民化，导致在半城市化地区，虽然农民完成了职业性质的城市化，但生活方式、身份认同等方面仍部分或全部保留传统农村习惯，市民化程度较低。姜堰区城西片区安置居民的居住形态是城市社区，而居民的休闲方式、生活习惯却有传统农村生活的印记，例如，社区内的绿化带普遍被居民开垦用于蔬菜种植（图5-18、图5-19）。此外，安置社区和传统农村社区均存在破坏环境、乱堆杂物、乱倒垃圾等现象，居民的公共意识较差。而身份认同方面，安置居民和失地的农村居民不能清晰地界定自己属于城市人还是农村人，身份认同模糊化，缺乏对城市的归属感。

图 5-18　马厂安置区绿化带中的
蔬菜种植
资料来源：作者拍摄。

图 5-19　陈庄安置区绿化带中的
蔬菜种植
资料来源：作者拍摄。

5.4　半城市化地区城市化问题出现的原因

5.4.1　制度原因

　　从国内外城市化的经验中可以获知，一个城市的城市化水平同时受到这个国家和地区的工业化水平以及社会制度的影响。改革开放后我国的工业化和城市化发展突飞猛进，取得了巨大成就。但必须注意的是，虽然现阶段我国工业化和城市化水平实现了跨越式大发展，然而城市化进程的继续推进却遭遇了一系列制度障碍，这些障碍在半城市化地区尤为明显。其中，城乡二元结构是这些制度障碍产生的根源所在。且不说半城市化地区是在城乡二元制度的背景下形成和发展的，半城市化地区在城市化中所暴露出来的种种问题，都与城乡二元制度有着密切的关系。

早在 1960 年代，西方学者便提出，在发展中国家普遍存在由传统农业部门和现代工商业部门构成的二元经济社会结构，这是发展中国家在现代化过程中追求工业迅速发展而自然出现的现象。（Lewis，1954）随着经济发展，城市对农村产生经济辐射，带动城市和农村之间的生产要素流动，城市和农村趋于同质化，二元结构逐渐消除，向一元结构转换。然而，我国的城乡二元结构有着特殊的一面，表现为受计划经济时代优先发展重工业的工业化战略路线影响，我国长期实行城乡分割的建设模式，并由此制定了一系列城乡二元制度，包括城乡二元土地制度、城乡二元所有制、城乡二元分配体制、城乡居民二元户籍制度、城乡二元社会保障制度等。在这一系列城乡封闭的二元制度影响下，我国得以汲取农业剩余，积累工业化发展资本，实现城市工业部门的快速发展，同时，通过将农民牢牢地束缚在土地上，限制城市人口规模，以避免大量人口涌入城市，对城市基础设施和公共服务设施造成冲击。由此带来的问题是城市和农村社会经济各方面发展的不均衡，农村经济基础薄弱，基础设施落后，社会保障缺位，社会事业发展滞后，对消除城乡二元结构、实现全面现代化产生了巨大的阻力（Putterman，1992）。

改革开放后，我国建立起了社会主义市场经济体制，结束了计划经济时代使用行政手段进行工农业产品不等价交换的方式，打破了城市支配农村的局面。迅速腾飞的工业建设和城市经济建设，使城市需要在原有空间外向近郊农村寻求新的发展空间。1982 年，国家出台了《国家建设征用土地条例》，对征用土地的程序、审批权限、征地补偿费和安置补助费做出了详细的规定，政府无法继续如计划经济时代那样以低成本获取农村土地，需要考虑城市向农村扩张所带来的土地征用费用，以及随之而来的一系列农村社会经济问题。长期以来，城乡二元制度在城市和农村发展之间造成了巨大的鸿沟，城市若全面改造并将半城市化地区的农村吸纳进入城市体系，则面临高昂的成本。于是，为了节省城市扩张成本，政府在征地后的项目开发建设中，往往只针对项目本身进行资源投入，而对农村城市化所遭遇的问题置之不理或投入很少。只占用农村的土地资源，却未能有效解决农村城市化过程中复杂的基础设施建设问题、失地农民就业问题、家庭生计问题、农村社区治安管理问题、农民市民化问题等，更造成了土地利用混杂、农民就业困难和农民社会保障欠缺等新问题，形成了"似城非城，似乡非乡"的半城市化地区。而在半城市化地区，虽然农村的经济形式、职业构成、收入来源呈现越来越多的城市特征，但城乡二元制度并未被彻底打破，无法从根源上撼动城乡分立的基础，农村向城市转型的道路上依然障碍重重。

综上所述，半城市化地区作为农村向城市转型不完全的产物，它的形成深受城乡二元制度的影响。同时，城乡二元制度这一历史遗留问题对半城市化地区的城市化发展有着深远的影响，它不仅造成了城乡发展的不均衡，并且由于城乡差距过大，使得缩小城乡差距的成本过高，增加了解决半城市化地区城市化问题的难度，在新时期的城市化过程中，对半城市化地区农村的进一步发展形成了阻碍。所以，城乡二元制度是引发半城市化地区城市化过程中出现的诸多问题的制度根源所在。

5.4.2 政策原因

改革开放后，我国成为世界上经济发展最快的国家，但经济和城市化率的高增长速度是通过一系列不平等的城乡发展政策、以牺牲农村和农民利益为代价换取的。半城市化地区是城市和农村的过渡地带，同时受到来自城市和农村两种政策力量的影响，从半城市化地区的政策入手，发现这一区域内出现城市化难题的政策原因主要有以下几个方面。

1. 城市发展政策不合理

新中国成立初期的工业化和城市化政策重城市而轻农村，以农村剩余利益换取城市发展，导致农村经济增长缓慢，基础设施薄弱。改革开放后的城市发展政策虽然在带动农村经济增长方面取得了一定成效，但却带来了新的问题。首先，半城市化地区是城市化建设的前沿地带，也是城市扩张的热点区域，往往被城市视作空间扩展的土地储备库，为城市提供源源不断的土地资源。城市在向外拓展的过程中，并未对农村的基础设施和公共服务设施进行升级和整合，而是将其排斥在城市建设体系之外，无法实现农村的基础设施和公共服务设施与城市的对接，基础设施建设速度和相关公共服务设施配套速度远远落后于城市扩张速度。其次，在中心区域饱和的情况下，政府将半城市化地区作为吸引投资、促进城市增长的新区域，大兴土木建设开发区、厂房等，但缺少相应的产业发展指导政策，招商引资不及时、产业调整力度不够，加上土地征收速度超出建设能力，造成半城市化地区的土地闲置和土地利用低效。第三，政府在半城市化地区大规模征用农田，造成了大量失地农民，却没有制定完善有效的政策来解决失地农民的就业、社会保障、市民化难题。总而言之，城市发展政策的"厚此薄彼"是造成半城市化地区城市化问题的主要政策原因。

2. 农村补偿政策不全面

土地补偿问题是城市化过程中出现的突出问题之一。应该注意的是，在我国土地不仅是一种生产资料，更作为农民重要的社会保障工具。虽然国家对农村土地征用规定了包括土地补偿费、青苗和附着物补偿费、安置补助费等在内的征地补偿标准，然而目前的土地补偿政策只考虑了土地的生产资料属性，所支付的一次性补偿是对农民失去生产资料进行的补偿，这种补偿方式忽视了土地的社会保障功能，造成农民在失去土地的同时，也失去了相应的社会保障。可以说，现行土地补偿政策是短效、片面的，农民获得的一次性土地补偿难以解决其长期的生计问题和社会保障问题，缺乏一个长效、全面的补偿机制。

3. 政策执行力度不足

政策执行力度不足是影响政策效应的重要原因，政策不能及时准确地落实，会制约政策目标的实现。半城市化地区的土地补偿政策执行力参差不齐，补偿款发放不及时，或将本该一次性发放给农民的补偿款分期发放等，成为土地补偿政策执行过程中的普遍现象。这些土地补偿政策执行过程中出现的执行低效、执行乏力和执行失真，使农民在失地后丧失经济来源的情况下，无法按时拿到土地补偿款，也没有多余的经济能力为自己提供再就业缓冲期，只能立即投入打工生涯。而由于没有再就业缓冲期，农民无法通过参加职业培训等方式提高职业竞争力，只能从事辛苦且收入不高的体力劳动，职业选择遭遇瓶颈，生活质量受到影响。

4. 缺乏有效的政策沟通反馈机制

对于半城市化地区的建设和发展，如何有效整合农村和城市资源是城市化工作合理、有序推进的关键。在目前政府主导的发展模式下，半城市化地区的未来发展方向受政策影响极大。虽然半城市化地区涉及政府、企业、农民等多个利益主体，但在政策的制定、执行和监督中，却很少发现除政府以外的其他主体参与活动。尤其是对于当地企业来说，半城市化地区处于转型期，发展方向处于时刻调整之中，需要紧跟政策方向对企业生产活动行为进行调整。半城市化地区尚未建立起有效的政策沟通反馈机制，公众参与环节不到位，城市化政策的制定和执行过程缺乏与政策受众的有效沟通，不能体现当地农民和企业的利益，而一旦政策可能对农民和企业利益造成负面影响，农民和企业也无法采取相应措施规避利益损失。

5.5　半城市化地区城市化问题的破解对策

5.5.1　深化城乡制度改革

进一步深化行政管理制度、公共财政制度、户籍制度等城乡制度的改革，重点放在消除城乡分离、促进城乡统筹发展上，为半城市化地区的发展建设提供制度保证，消除半城市化地区多元主体面临的制度障碍。具体包括：（1）明确城乡政府机构职能，建立城乡管理协调机制，尽量避免在半城市化地区出现城乡管理体制各自为政的局面，以及避免城乡两不管的权力真空地带在半城市化地区出现；（2）建立城乡协调的公共财政制度，通过财政分配制度实现"以工补农，以城带乡"；（3）打破城乡二元户籍制度在"农业人口"与"非农业人口"之间人为设置的界线，使城乡居民的身份统一，获得同样的发展机会和待遇。

5.5.2　制定科学的规划体系

制定科学合理的城市规划和土地利用规划，明确半城市化地区的功能定位和空间分区，指导半城市化地区的空间和功能转型，提高土地利用率，优化空间配置。同时，采用合理的产业布局规划引导半城市化地区的产业升级和产业结构调整，引导农村剩余劳动力的分流，解决农民就业问题。

5.5.3　加大基础设施建设力度

在城市拓展过程中做到基础设施先行，加大对半城市化地区基础设施建设的投入，促进半城市化地区的交通、医疗、教育等基础设施的建设进程，提高基础设施和服务配套设施的建设水平，为充分城市化创造物质条件。

5.5.4　完善土地补偿制度

土地补偿是农民失去土地这一重要的生产资料和社会保障资料后，能够获取的直接经济利益。在现行货币补偿方式之余，灵活采用多种补偿手段，在货币补偿为主、就业补偿和社会保障补偿为辅的土地补偿政策基础之上，重视失地农民的就业问题和社会保障问题，加大对半城市化地区的农民就业扶持力度和社会保障体系建设力度，将短效、片面的货币化补偿机制转变为长效、全面的多样化补偿机制。此外，积极探索半城市化地区农村的宅基地退出制度，实现城市发展和农村转型的双赢。

5.5.5　建立健全农村社会保障体系

拓宽半城市化地区社会保障覆盖面，加强农村社会保障力度，力争将所有农民纳入社会保障范畴。同时，推动城乡社会保障制度对接融合，制定城乡统一的社会保障标准，让农村居民与城市居民获得同等的社会保障待遇。其中，完善的社会保障体系包括养老保险、医疗保险、失业保险等各项社会保险制度，以及就业培训和就业援助等就业服务机制，以解除农民城市化过程中的后顾之忧。

5.5.6　重视公众参与

半城市化地区的城市规划、城市发展政策、社区管理政策等政府公共政策的制定、实施和监督中应引入公众参与环节，建立有效的政策沟通反馈机制。在涉及安置拆迁选址、社区管理、产业政策、确定所征土地用途等方面，应充分听取企业、农民等利益主体的意见和建议，实现多个利益主体共赢的发展目标。

第6章　就地城镇化地区乡村：
福建晋江和石狮的实证研究

改革开放以来，泉州市城镇人口不断增加，城镇化水平不断提升。步入 2000 年后，泉州市城镇化进入快速发展阶段，2013 年城镇化水平达到了 61.6%。伴随着城镇化的快速推进，城镇空间拓展迅速。从 2005 年到 2013 年底的 7 年间，泉州市中心城区建成区面积增长了约 2.5 倍，与此同时，市域内中小城市建设速度也不断加快，晋江市、石狮市建成区面积也成倍增长。建成区的不断扩张，带来了城市化过程中的特殊产物——城中村的出现。本章通过对泉州城中村地区中乡村的实证研究，梳理其形成的历程，并分析其转型的问题，最终提出城中村改造的方式选择以及政策建议。

6.1　研究区域概况及数据获取

6.1.1　研究区域概况

晋江市和石狮市位于福建省泉州市市域东南（图 6-1）。该地区是我国就地城镇化发展的典型区域，也是城中村现象相对集中的区域。2013 年末，晋江市常住人口达到 204.5 万人，城镇化率水平 62.8%，户籍人口 109.02 万人。流动人口为 94.28 万人，建成区面积为 68.5km²；石狮市常住人口达到 64.67 万人，流动人口 31.76 万人，建成区面积为 52.6km²（2011 年）。改革开放以来，石狮市和晋江市通过"联户经营"的方式，引进侨资，在乡村地区大力发展乡镇民营企业，经济一直保持高速增长的发展态势。在这种经济发展模式下，城镇化迅速发展，公共服务设施和基础设施开始向农村地区渗透，城乡界限逐渐模糊，形成了"城不像城、乡不像乡"城乡景观。同时，民营经济和乡镇企业吸引了大量的外来人口，这些流动人口聚居在企业周边的城中村里，使得城中村规模不断扩大，并且引发了诸多问题。

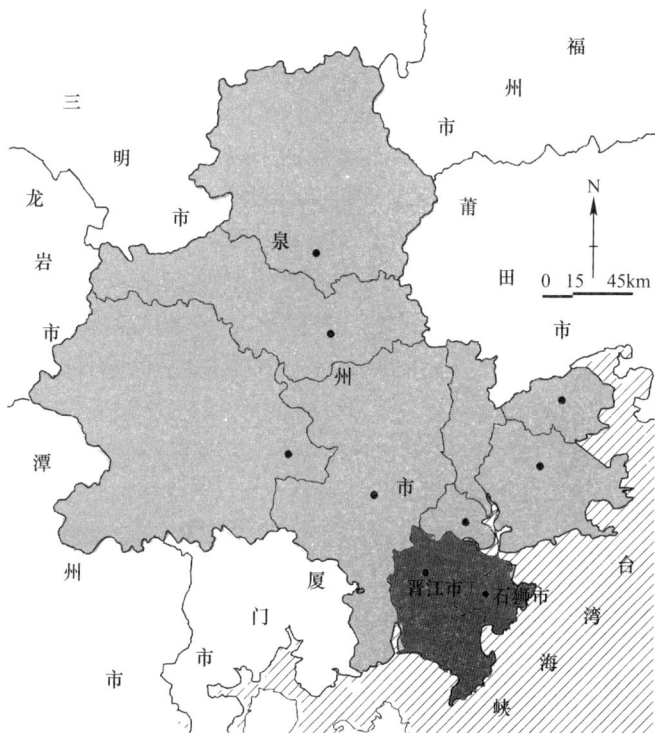

图 6-1　晋江和石狮的区位

资料来源：作者自绘。

6.1.2　数据获取

本次调研于 2012 年通过实地走访和政府部门访谈，在厘清晋江市和石狮市城中村基本情况后，确定了 8 个典型的城中村（晋江市福埔村、莲屿社区、霞行社区、湖中村和石狮市林边社区、新湖社区、厝头村、杨园村）为本次研究区域（图 6-2）。这 8 个城中村样本涵盖了泉州半城镇化地区城市核心区和城乡接合部城中村的主要类型，是近年来被报道较多或问题比较突出的典型城中村，因此案例区域具有一定的代表性。笔者于 2013 年 8月，根据城中村常住人口数量，在每个城中村通过等距离抽样选择住户（不区分外来租户与原住村民）进行问卷发放，平均每个村发放 45～55 份问卷。最终共发放问卷 401 份，回收问卷

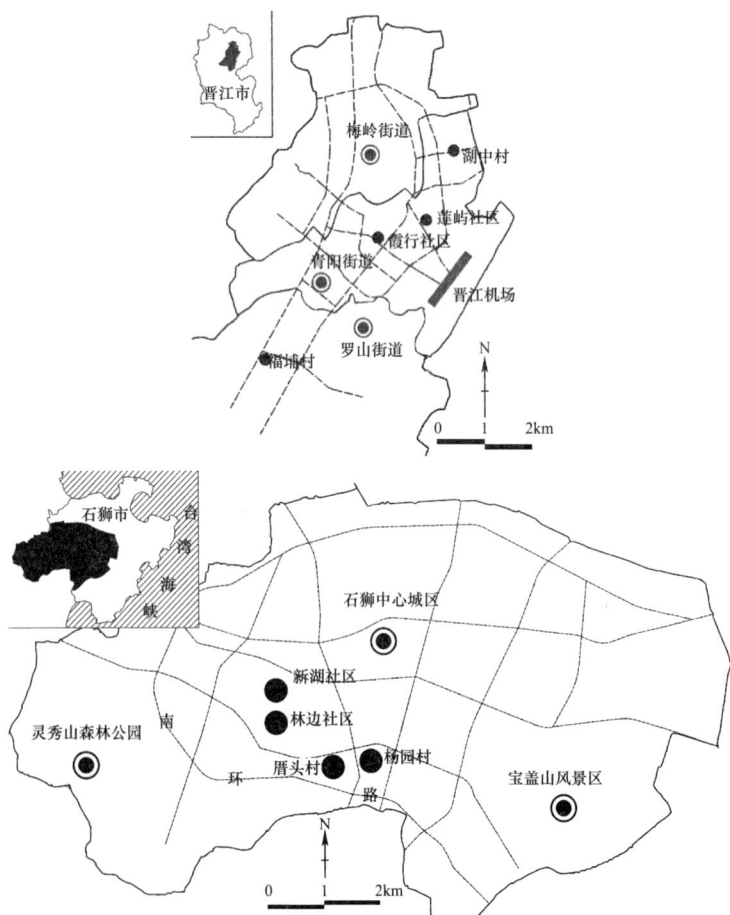

图 6-2　8 个调查村庄的空间分布

资料来源：作者自绘。

390 份，有效问卷 375 份，问卷回收有效率为 93.52%（图 6-3），调查严格遵循随机抽样方法，尽量确保样本能够反映当地城中村的特征。

图 6-3　问卷调查现场照片

资料来源：作者自摄。

6.2　城中村及城中村居民总体状况

6.2.1　城中村总体状况

1. 人口与经济

本次调研的 8 个城中村（社区），户数从 250～1200 户不等，户籍人口从 800～4600 人不等。其中 2 个城中村（新湖社区、林边社区）的土地为国有土地，原住居民的户口在土地征为国有时也已转为城镇户口；其他 6 个城中村则依然为集体土地，其村民户口为农村户口（表 6-1）。

城中村人口统计表　　　　　　　　　　表 6-1

	厝头村	杨园村	新湖社区	林边社区	福埔村	霞行社区	湖中村	莲屿社区❶
户数（户）	250	410	600	1200	750	700	300	—
户籍人口（人）	800	1500	2000	4600	3000	2600	1850	—
流动人口（人）	4000	10000	10000	7000	3000	10000	20000	—
总人口（人）	4800	—	—	—	6500	—	21850	—

❶ 莲屿社区未访谈到村委会，故缺失。

111

目前有 4 个城中村存在集体经济实体，包括计划经济时代传承下来的集体厂房、沿街店铺等集体资产，且村集体根据集体经济收入对村民进行分红，主要方式有对原住民每年分发定量现金，对于老年人有额外补助。调研中发现，虽然部分村集体有一定的集体经济，但是由于城中村改造拆迁成本较高，迫切希望政府与开发商的介入。

2. 公共服务设施与基础设施

根据环湾地区 8 个城中村的调研结果显示，城中村在上一轮整治中，根据政府要求进行了一定程度的环境整治和设施完善，在公共服务设施方面基本上能满足需求。如幼儿园、小学、公共卫生服务室、依托宗祠建设的老年人活动中心、农贸市场、村居工作用房和居民活动用房等；自来水、冲水式马桶普及率均达到 95% 以上。然而村居体育活动广场与村居中心广场依托宗祠建设，面积偏小，且分散多处；部分城中村内部道路、垃圾收集点与消防站点、排水设施等均是村民诟病的方面，而且城中村停车场严重缺乏，基本上没有绿地公园，村庄绿化率普遍偏低等（表 6-2）。

城中村基础服务设施拥有及达标数量（村）   表 6-2

	设施名称	拥有该公共服务设施以及基础设施达标的村数量（个）
设施配置良好	幼儿园	8
	村居公共用房	8
	居民活动用房	8
	老年活动中心	8
	自来水供给（普及率 95% 以上）	8
	家庭冲水式厕所（普及率 95 以上）	8
	公用厕所	8
	村居农贸市场	6
	小学	5

设施名称	拥有该公共服务设施以及 基础设施达标的村数量（个）
村居体育活动广场	4
垃圾收集点	4
村居中心广场	3
消防站点	3
停车场	1
污水排放（管道排污）	1
村居绿地公园	0

（左侧合并单元格："设施配置不足"）

面对这些问题，村（居）委会均表达出进行环境提升和设施完善的意愿，但是都抱怨经济能力不足，希望政府能够尽快为城中村进行整治改造。

3. 流动人口与华侨房屋管理

城中村流动人口数量较大，且给城中村带来一定影响。在调研的 8 个村庄中，流动人口与本地人口比例最高的为湖中村，达到了 10.8∶1，福埔村的 1∶1 为最低，表明调研地区城中村中外来人口已经远远超过本地人口。面对数量如此庞大的流动人口群体，社会问题在所难免，目前造成的社会问题主要有治安问题、环境问题、劳资纠纷、当地幼儿园小学资源被占用问题、超生偷生问题等，且以社会治安问题最为突出。因此，为了解决这些问题，排除社会隐患，社区和村委会采用定期排查的方式进行人口登记以便管理，但是村（居）委会表示，短期流动人口难以管理，且最容易引发问题。城中村流动人口以从事一些体力劳动、小成本商业、短期零工、长期摩托车载客等为主，收入普遍偏低。在城中村改造中，需要将这些流动人口考虑进来。

6 个城中村有华侨村民，每个村有 30 多户，其中杨园村65％的村民为华侨。目前华侨的房屋具有历史价值的已经被作为文物保护单位进行保护，其他房屋主要由其家属或者亲戚居住、管理，房屋空置现象比较少见。在城中村改造过程中，村（居）委希望通过联系到华侨本人以便处理其房屋。

4. 改造意向

通过对村（居）委会主要负责人的访谈，了解到村（居）委会对于改造的看法以及意愿。在调研的 8 个城中村中，4 个城中村组织编制了改造规划，但毫无例外均在审批过程中因为考虑社会经济效益最大化或者不符合已有规划而未获得审批。村（居）委希望政府介入改造，但编制规划时只考虑开发商而很少考虑政府，这是审批未通过的主要原因。在改造方式上，各个村（居）委会负责人均认为不应该采取单一的改造方式。湖中村、新湖社区不建议全部开发，倾向于分区分片改造，新湖社区改造过程中甚至希望保留一条旧街区；其他城中村建议采取全面改造方式，但是在宗祠、祖厝、祠堂方面抱有不同的看法。厝头村和杨园村认为宗祠、家庙等为封建遗留，希望全部拆除；福埔村希望将祠堂、祖厝集中安排到山上，争取打造为一个景观亮点。

6.2.2 原住居民总体状况

1. 村内拥有房屋数量

在填写了该选项的 137 位常住居民中，在本村有 1 幢房屋的比例高达 91.2%，表明调研地区城中村并未出现大肆兴建房屋的现象；拥有 2 幢或者 3 幢房屋的主要是原来房屋破旧，受访者选择本村异地新建住房，而原来房屋并未拆除。拥有 4 幢及以上的只有 1 户，在城中村改造过程中，如何根据拥有房屋数量制定差异化的补偿政策需要进行深入思考。表 6-3 为本村拥有楼宇数量。

本村拥有楼宇数量   表 6-3

拥有房屋数量	原住户数量	数量百分比（%）	数量累积百分比（%）
1 幢	125	91.2	91.2
2 幢	8	5.8	97.1

拥有房屋数量	原住户数量	数量百分比（％）	数量累积百分比（％）
3 幢	3	2.2	99.3
4 幢及以上	1	0.7	100.0
合计	137	100.0	

数据来源：作者调研。

2. 房屋总建筑面积、层数、租户数量

从调研结果来看，城中村原住居民住房人均面积均超过 30m²/人，意味着大多数居民达到城市住房面积标准；住房面积在 90m² 以下的只有 5.3％，实地走访中这一部分居民的以低矮破旧为主要特征的房屋，居住环境相当恶劣亟需改善；住房面积集中在 90～200m² 以内，这一比例高达 42.9％；住房面积超过 200m² 的达到了 51.9％，说明一方面大多数原住居民并没有住房面积小的困扰，相反，有大量的房屋空闲，这为外来人口提供了很好的落脚空间；另一方面，调研地区作为典型半城市化地区，政府在意识到城中村问题后出台的管制政策效果并不明显，在城中村改造过程中，这部分建筑面积大的房屋可能会给改造带来一定的阻碍。表 6-4 为房屋建筑面积统计表。

房屋建筑面积统计表　　　　表 6-4

房屋建筑面积（m²）	原住户数量	数量百分比（％）	数量累积百分比（％）
90 及以下	7	5.3	5.3
91～140	30	22.6	27.8
141～200	27	20.3	48.1
201～300	18	13.5	61.7
301～400	21	15.8	77.4
401～500	8	6.0	83.5
501～600	11	8.3	91.7
601～800	3	2.3	94.0
801 以上	8	6.0	100.0
合计	133	100.0	

数据来源：作者调研。

原住居民房屋层数大部分在 4 层以下，主要集中在 2～3.5 层，占比达 59.2％。这部分房屋存在砖混结构和石结构两种结构，1～1.5 层主要为石结构房屋，4 层及以上占比 24.5％，主要为砖混结构房屋（图 6-4）。实地调研中发现，城中村大部分房屋都进行了加盖，一方面是由于原住居民的土地被政府征收，部分居民对房屋进行加盖，用于家禽养殖、蔬菜种植等，严重破坏了居住环境。另一方面是居民对居住空间的要求和固化资产的想法，加盖房屋增加空间以便生活更加舒适，且将其作为固定资产；还有一部分是为了增加出租面积。这些加盖现象前几年比较普遍，近些年由于政府加强了房屋管理，加盖行为得到遏制。在城中村改造过程中，需要对不同层数的房屋制定不同的改造政策和补偿机制。

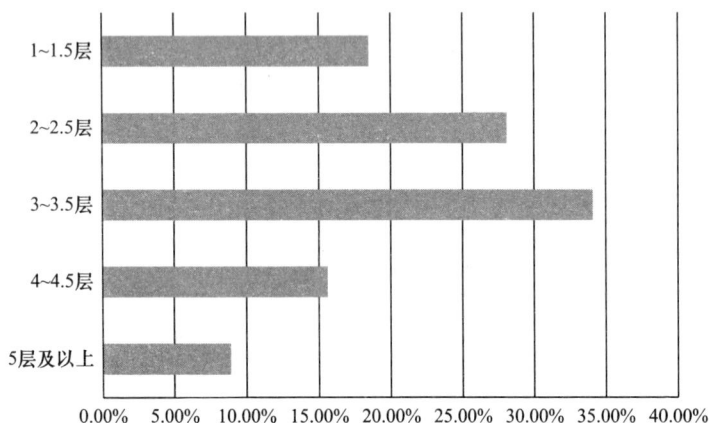

图 6-4　城中村房屋层数统计图
数据来源：作者调研。

从租户的数量来看（表 6-5），家家户户中均有租户的现象在这里并不明显。高达 61.8％ 的原住居民至少有一户租户；38.2％ 的居民家中无租户，主要是家中老人独居，出于安全考虑而不出租房屋；拥有 3 户及以上租户的原住居民占比 27.2％，对原住居民的生活带来了一定的影响。

租户数量统计表 表 6-5

租户数量	原住户数量	数量百分比（%）	数量累积百分比（%）
无租户	52	38.2	38.2
1 户	15	11.0	49.3
2 户	23	16.9	66.2
3 户	9	6.6	72.8
4 户	3	2.2	75.0
5 户	8	5.9	80.9
6～7 户	8	5.9	86.8
8～9 户	4	2.9	89.7
10 户及以上	14	10.3	100.0
合计	136	100.0	

数据来源：作者调研。

3. 房屋使用年限

从房屋使用年限来看，城中村中超过半数的房屋使用年限在 20 年以上，且这部分房屋大部分为石结构房屋，在抗震、抗台风方面存在很大隐患；而使用年限在 10 年以下的只有 21.6%，大部分为砖混结构（图 6-5）。在城中村改造中，需要对使用年限久、以石结构为主、安全隐患大的房屋进行重点改造。

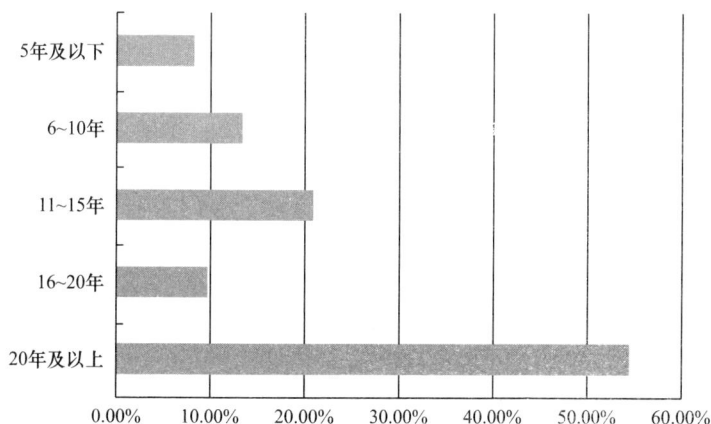

图 6-5　房屋使用年限统计
数据来源：作者调研。

总体而言，城中村原住居民绝大部分（91.2%）只拥有一幢房屋，房屋虽然层数不高但是大部分存在加盖行为；大部分原住居民（61.8%）愿意出租房屋且拥有至少一户租户；城中村的房屋过半（51.0%）为使用年限超过 20 年的石结构房屋，旧房危房等数量较多。城中村改造物质时机已经成熟，晋江市和石狮市需要抓住城中村改造的契机，助推城镇化快速发展。

6.2.3　租户总体状况

1. 来源地与户口

城中村中来自本县其他地区的外来租户只有 5.6%，来自泉州市其他县市占比 9.4%，来自福建省其他县市占比 9.7%，均远低于来自于其他省市的租户数量，共有 75.3% 的租户来自于外省，主要是来自于邻近福建省的江西省、四川省、重庆市。这表明晋江市和石狮市经济发达，不仅吸引了大量的外省人口，对于本省、本市其他地区的人口也有一定的吸引力。图 6-6 为来源地与户口调查。

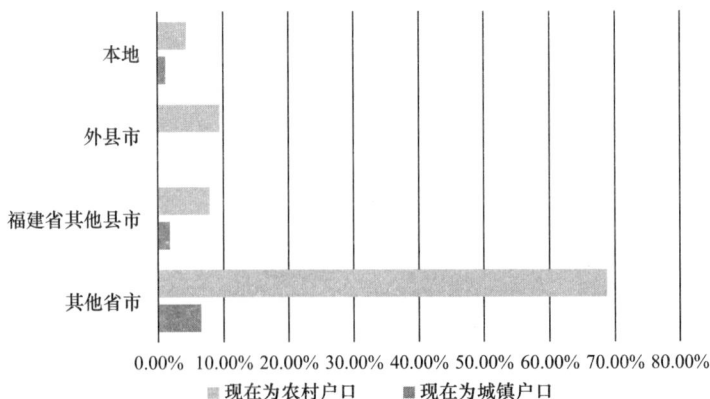

图 6-6　来源地与户口调查

数据来源：作者调研。

在新型城镇化的背景下，户籍与户口问题已经成为了热点问题。城中村租户中 90.6% 为来源地农村户口，城镇户口仅占

9.4％，这与农村劳动力普遍向城镇发达地区大量流动的趋势相符合。通过访谈，我们发现，绝大部分的农民认为现在的农村户口比较好，跟户口联系的土地、农业补贴给他们带来了一定的收益；城镇户口中原来为农村户口的租户表示户口的转变并没有给他们带来多大变化，反而土地的失去导致生活成本增加。在想是否转为城镇户口时，大部分租户表示拒绝转换为城镇户口，少部分因为孩子上学问题表示愿意转化为城镇户口，但希望保留土地。可以看出，户口对于租户来讲，具有一定的"资本性"，租户已经认识到农村户口所带来的福利，一般情况下不愿意丢掉农村户口。

2. 租住方式与租房状况（表6-6）

从租住方式来看，与别人合租的租户数量只占到了16.2％，独自租住占比83.2％，主观原因主要是租户出于隐私、舒适性以及独立需求等方面的考虑，在经济支付能力之内，倾向于独自租住；客观原因是目前调研地区城中村租房空间尚不紧张。独自租住避免了合租所引起的文化、生活方式冲突。

租住方式与租房状况　交叉制表　　表6-6

		现在租房状况（％）		合计
		独身	家庭	
租住方式（％）	与别人合租	5.0	11.2	16.2
	独自租住	11.2	72.1	83.2
	其他方式		0.6	0.6
合计		16.2	83.8	100.0

数据来源：作者调研。

租户类型中家庭占比83.8％，而独身（个人）只占比16.2％，表明城中村租户中以家庭为单位的流动远远大于以个人为单位的流动，一定程度上避免了因分隔两地而带来的社会性危害。调研中还发现，以家庭为单位集体外出打工已经成为主流，通过血缘、地缘关系紧密联系：住在一个院落或者同一幢房屋的租户，多为亲戚、朋友或者为一个村里的人。

家庭人数在小家庭标准（3 人及以下）的比例为 60.4％，而大家庭（5 人及以上）的比例仅为 18.6％。这说明大部分外来租户的家庭结构相对较小。

从家庭人数和家庭类型的交叉表中（表 6-7），可以看出，"夫妻＋子女"的类型占比最高，达 51.5％，"夫妻"和"夫妻＋子女＋老人"的类型占比相当，各占 25.4％和 22.8％，"夫妻＋老人"家庭类型数量相当少，只占到了 0.7％。这表明核心家庭和主干家庭在租户中已经占据主导，未来城中村改造时需要在基础配套设施以及社会关怀层面将租户的小孩和老人纳入考虑。

家庭类型和家庭人数 交叉制表 表 6-7

		家庭人数（％）						合计
		2 人	3 人	4 人	5 人	6 人	7 人	
家庭类型（％）	夫妻	25.0	0.4					25.4
	夫妻和子女	2.2	31.3	15.3	1.9	0.4		51.1
	夫妻＋子女＋老人	0.4	0.7	5.2	10.8	4.9	0.7	22.8
	夫妻＋老人		0.4	0.4				0.7
	合计	27.6	32.8	20.9	12.7	5.2	0.7	100.0

数据来源：作者调研。

3. 租住时间（表 6-8、图 6-7）

针对租户租住时间的调查表明，租住时间半年以下和半年～1 年的分别占比 13.2％和 16.5％；而居住 3 年及以上的占比 43.8％，其中 5 年以上占比最高，为 32.1％。这表明调研地区城中村短期居住（一年及以下）人口相对不多，主要以中长期居住为主。但是在城中村改造过程中，不能忽略短期居住人口的管理以及短期居住导致人口流动频繁带来的社会治安等问题。

在与家庭类型交叉分析后发现，家庭类型为夫妻的租住时间以"1～3 年"为最多，家庭类型为夫妻和子女租住时间以"5 年以上"为最多，家庭类型为"夫妻＋子女＋老人"的家庭租住时间以"1～3 年"为最多，这说明在城中村中，非核心家庭的租住时间总体上低于核心家庭的租住时间，主要原因是非核心家庭结构相对不稳定，带来了较大的流动性。

家庭类型与租住时间　交叉制表　　　　表6-8

| | | 租住时间（%） | | | | | 合计 |
		半年以下	半年~1年	1~3年	3~5年	5年以上	
家庭类型（%）	夫妻	3.2	5.0	7.8	1.8	6.4	24.2
	夫妻和子女	7.5	7.8	13.2	5.7	17.8	52.0
	夫妻+子女+老人	0.4	2.8	8.5	4.6	6.4	22.8
	夫妻+老人		0.4			0.7	1.1
合计		11.0	16.0	29.5	12.1	31.3	100.0

数据来源：作者调研。

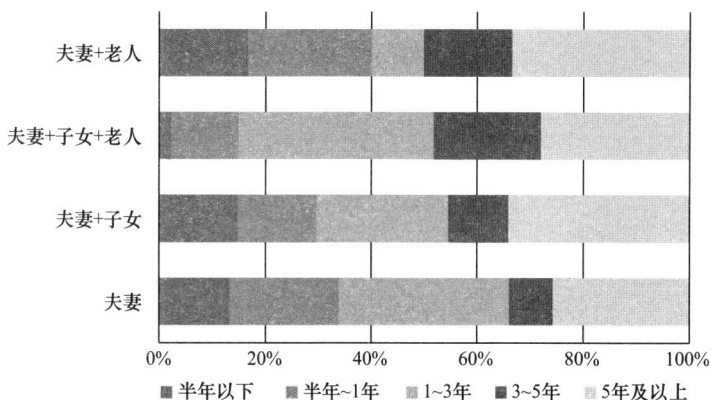

图6-7　家庭类型与租住时间统计图
数据来源：作者调研。

4. 租房面积与租金（表6-9）

从房租的统计结果来看，占比最高的租金为201~350元，为27.9%，其次为101~200元，占比为24.6%；而城中村周边地区的房屋租金与之相比均超过1000元/月，城中村租金相对较低，但依然有不少租户认为该租金依然超出了心里预期。从租房面积来看，主要以10~20m² 为主，比例达到32.9%，紧接

着为 $20\sim30m^2$ 和 $30\sim50m^2$，比例分别为 28.2% 和 14.2%；平均租房面为 $30.29m^2$，低于泉州市民企公租房一般最低要求的 $40m^2$[●]，表明外来流动人口租房空间偏小，难以满足一般家庭的居住需求，这在一定程度上降低了外来租户的生活质量。

租房面积与租金　交叉制表　　　　表 6-9

		租金（%）								合计
		100 元以下	101～200 元	201 元～350 元	351～500 元	500～650 元	650～800 元	800～1000 元	1000 元以上	
租房面积（m²）（%）	10 及以下	1.2	4.2	4.2	0.9	0.6				11.0
	10～20	1.8	13.4	10.7	3.6	1.5	0.3	0.3	1.5	32.9
	20～30	0.9	4.2	10.7	7.4	2.4	0.3	1.2	1.2	28.2
	30～50	0.3	0.9	1.8	4.2	2.7	3.0	0.3	1.2	14.2
	50～80	0.3	0.9	0.6	0.9	1.5	0.9		0.6	5.6
	80～100		0.3		0.3		0.9	1.2	0.9	3.6
	100 以上		0.9		0.3	0.3			3.0	4.5
合计		4.5	24.6	27.9	17.5	8.9	5.3	3.0	8.3	100.0

数据来源：作者调研。

5. 租住原因

从受访者选择的租房原因来看，选择在该城中村进行租房的两大原因分别是离工作地点近（60.7%）和租金低（27.8%）。由此可见，与工作地点的关系和租金承受能力是外来人口进行租房考虑的主要因素。选择"日常生活开支低"和"符合自己生活方式"的分别只有 10.7% 和 14.2%，表明在租房选择时，租户有时候不得不将生活成本和生活方式作为考虑的次要选项。选择"其他原因"的比例为 19.2%，这些原因主要包括"方便子女上学"、"包工头指定安排"等（图 6-8）。这些原因表明城中村改造过程中，应该降低城中村住户的生活成本、增加公共服务设施等。

[●] 详见：http://house.baidu.com/quanzhou/news/0/4446274/，2013/08/31

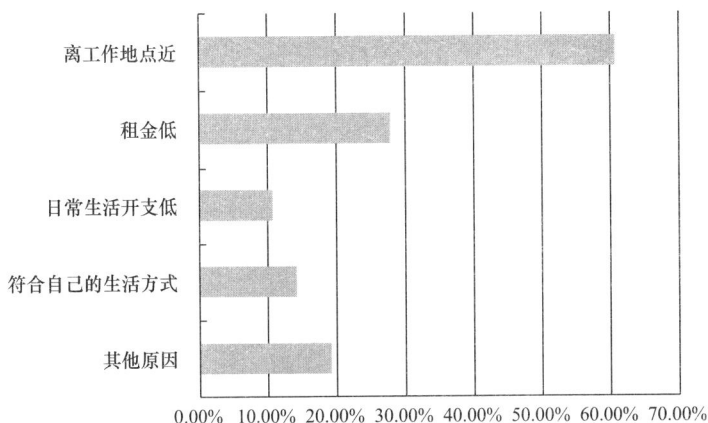

图 6-8　租住原因统计

数据来源：作者调研。

总的来说，城中村租户主要以来自福建省周边省市（75.7%）的务工人员为主，且大部分为农村户口，他们对于转化为城镇户口有着消极的态度；大部分租户以家庭（83.8%）为单位独自租住（83.2%），父母加子女的核心家庭占据一半以上（51.1%）；租户主要以中长期居住（43.8%）为主，但短期居住（29.7%）人口也不可忽视；租住面积以 $10\sim30m^2$ 为主（61.1%），在一定程度上影响生活质量；租金以 $101\sim350$ 元（52.5%）为主，相对城中村周边的普通房屋租金偏低；大部分租户将工作地点（60.7%）和租金（27.8%）作为选择租房考虑的主要因素。

6.3　居住满意度调查

本次居住满意度的调查是在对环泉州湾核心区城中村状况初步了解的基础上，为了较为深入地了解目前城中村的总体状况，进行了较为全面的问题设计，调查内容主要涉及 4 个方面：居住状况、基础服务设施状况、公共服务设施状况以及周边环境与邻里关系状况。通过对问卷的收集以及对调查结果的系统分析，能够很好地把握城中村居民目前的居住状况，从居民的需求和意愿出发，结合片区的实际状况，为下一步的改造提出一些指导性建议。图6-9为居住环境实景照片。

图6-9　居住环境实景照片
资料来源：作者自摄。

6.3.1　居住状况

居住状况的调查主要涉及两个方面的内容，分别为居住面积和建筑质量与空间结构。就居民对居住面积的满意度来看，感到很满意/满意的居民比例为46.7％，另外有17.5％的居民感到不满意/很不满意。统计结果说明调查地区的整体住房面积状况相对一般。在实际的走访过程中我们了解到，本地的常住居民大部分有1～2栋房子，面积在90～400m² 之间，因此，他们对于居住面积满意度较高；另外由于调查地区大部分居民为外来租户，他们大多数人对于居住面积满意状况并没有一个清晰的认识，因此，大多数人选择回答一般，这也是在传统城中村调研中，受访对象身上存在的不可避免的问题，在居住满意度其他问题的回答过程中，这一问题也都有不同程度的表现。

就房屋质量与空间结构的总体状况来看，感到很满意/满意的居民比例为 40.3%，感到不满意/很不满意的居民比例为 21.2%。由此可见，居民对于所居住房屋的建筑质量和空间结构的满意度比较低，尚有很大一部分人居住在破败的老旧房屋或者危房当中，需要进一步的更新改造，以改善居民的居住状况。图 6-10 为居住状况统计。

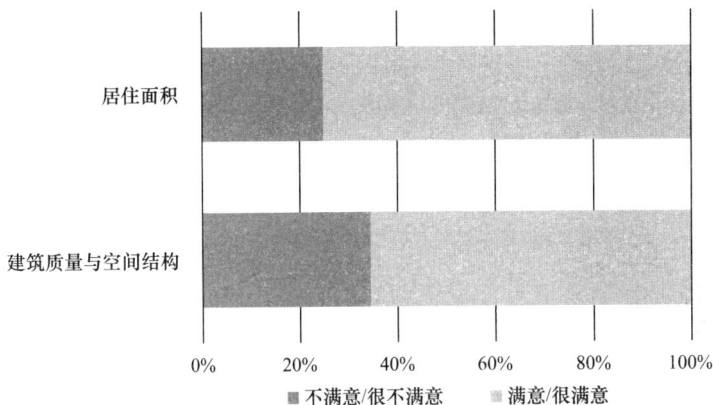

图 6-10　居住状况统计
数据来源：作者调研。

6.3.2　基础服务设施

基础服务设施是居民日常生活中必不可少的重要支撑条件，良好的服务设施体系是衡量片区居住生活质量的重要指标之一。基础服务设施的完善与否直接关系到居民的居住满意状况，而此项内容往往是城中村的薄弱环节。因此对于基础服务设施体系的调查也是本次城中村满意度调查的重点内容，共涉及 6 项，分别为供水供电、绿地公园、排水设施、路边照明、公交站点和停车场地。通过调查统计分析，从而整体上把握区域的基础服务设施状况（图 6-11）。

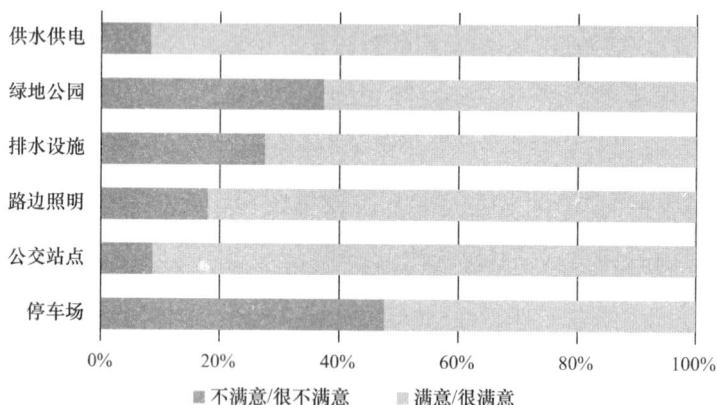

图 6-11　基础服务设施统计

数据来源：作者调研。

调查结果显示，绝大多数居民对供水供电状况满意度较好。感到很满意/满意的居民比例为 63.8%，感到不满意/很不满意的居民比例为 5.8%。这主要是因为，在城市的发展过程中，对于城中村的改造也在不断地进行当中，尤其是在市政设施支撑方面，自来水管网和市政电网对城中村基本达到了全覆盖，能满足居民日常生活的需要。

对于绿化公园感到很满意/满意的居民比例为 41.1%，尚有 24.5%感到不满意/很不满意。在实际走访过程中发现，城中村内部可供居民活动的绿地空间极为缺乏，绿地公园以城市公园为主，对于周边有城市公园的片区，居民的满意度较高，而对于离城市公园较远的村庄，该项的满意度较低。

通过对村委会或社区委员会相关部门的访谈以及实地调研了解到，调研地区的排水主要采用以下几种方式：（1）采用管网排水，并接入城市市政管网系统。（2）采用暗沟排水。（3）管网排

126

水与暗沟排水相结合。而目前绝大多数村庄排水采用第一种方式。通过调研数据可以看出，有 19.3% 的居民持不满意/很不满意的态度。一方面是因为尚有部分村庄采用暗沟排水，甚至有个别村庄将污水就近排入河流，造成了一定的环境影响。另一方面在于村庄内部道路系统的崎岖不平，雨天雨水不能及时排除，给居民出行带来了一定的不便。

就路边照明情况来看，居民满意度较排水设施高。感到很满意/满意的居民比例为 63.1%，感到不满意/很不满意的居民比例为 13.4%。这主要是因为，在上几轮的城中村改造中，已经对片区内的路边照明进行了改善，除了个别地方存在人为的或者非人为的破坏以外，调查地区的整体路边照明能够满足居民夜晚的出行要求，路边照明的改善也在一定程度上提高了片区的治安状况，为维护该片区的居住安全提供了有力的帮助。

另外，由于本次调研所涉及的城中村全部位于城市核心区范围内，周边道路网发达，公交系统完善，交通条件非常优越，从而居民对公共交通站点的满意度较高，感到很满意/满意的居民比例为 70%，仅有 6.7% 的居民感到不满意/很不满意，这一数据从侧面印证了所调查的十个村庄交通区位条件的优越性。

相比较之前的其他项来说，居民对停车场的满意度评价最低，感觉很满意/满意的居民仅占 27%，说明城中村内部停车场地极为缺乏，停车难度系数较大，大多采用路边停车，进一步增加了城中村内部的交通压力。同时有 21.2% 的人选择不知道，这是因为居住在此的多数居民没有家用汽车，对于停车场地的多少没有特别的敏感性。

6.3.3 公共服务设施

相对于基础服务设施，公共服务设施对居民的日常生活的影响相对较小，但其仍然是居民日常生活中不可或缺的条件，公共服务的缺失会给居民的日常生活带来一定的困扰，因此也关系到居民的居住满意度的高低。在本次调研中公共服务设施的调查主要涉及卫生安保服务、文体休闲活动、周边生活配套设施和教育设施 4 项内容。

调研地区的居民大多是外来人口，主要是从事体力劳动的打工者、小工商业者，整体文化素质水平较低，服务对象的整体意识的缺失，以及城中村建筑密度大、街巷错综复杂使得片区卫生安保服务难度加大。尽管每个地区都设有卫生安保服务站点，但是片区的卫生安保状况并没有达到令人满意的地步。而统计结果也证实了推测，感到很满意/满意的居民比例为 41.9%，感到一般的居民比例为 37.9%，尚有接近两成的人（18.5%）感到不满意/很不满意（图 6-12）。

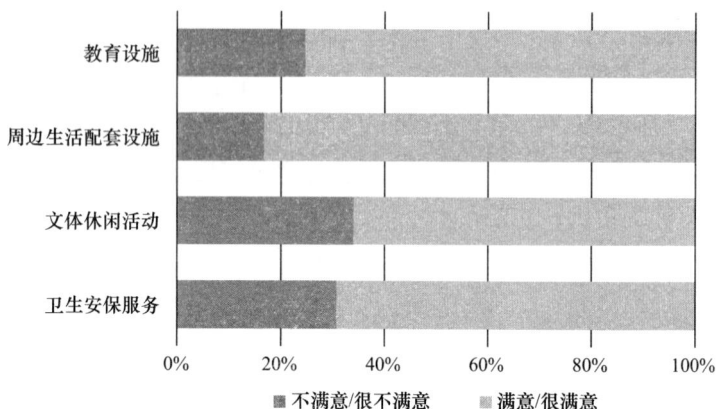

图 6-12　公共服务设施统计

数据来源：作者调研。

调查区位于城市核心区范围，周边基本上都有商场、超市、便利店等生活配套设施，且城中村内部或邻村大多有农贸市场，居民日常购物十分方便，居民对于生活配套设施的满意度较高，数据统计也证实了这一点，感到很满意/满意的居民比例为 53.2%，感到不满意/很不满意的居民比例仅为 10.7%，个别受访者选择不知道这一项的原因是因为年纪大或者刚到此地居住，故对此问题没有考虑。

就居民对教育设施的评价来看，感到很满意/满意的居民比例为 41.1％，有 13.4％的居民感到不满意/很不满意，另有 16.7％的居民选择了不知道一项。分析后发现由于相当部分外来务工人员的子女并未随迁到此，所以相当一部分居民并无子女上学的需求，故有将近两成的人选择不知道这一项。但实地走访中我们发现每个片区都有公办小学、公办或私办幼儿园。而由于地方上在对于入学的问题上一般采用本地居民优先的限制条件，外来人口对于教育设施的满意度较本地居民较低。

相对前几项，居民对于文体休闲活动设施的评价较低，感到很满意/满意的居民比例为 37.2％，比例尚未占到四成。结合调研过程分析，此项满意度较低的原因是很多居民较少或从来没有使用文体活动场所，大量的外来租户对周边的文体活动场所较少关注，而常住居民又以老年人居多，没有进行文体活动的需求，故大多数受访者对此项没有明显的满意感。实际上，我们了解到大多数调研片区都建有文体活动空间，但是利用率有限。

6.3.4 周边环境与邻里关系

经过实地走访，调研城中村周边用地状况分为两种：一种是城市建设用地，包括新开发的居住区、商业用地、办公用地等，这类用地经过了统一的规划，街道整齐、空间开阔，配套设施较为完善，环境状况优良，居民对于周边环境条件的满意度较高。另一种是该片区为其他城中村所包围或者周边城市建设用地与其他城中村用地并存，这种状况使得周边环境较为复杂，居民的满意度相对较低。因此，数据统计显示，有 17.6％的居民对于周边环境条件感到不满意/很不满意（图 6-13）。

就居民对邻里关系的评价来看，感到很满意/满意的居民比例为 73.5％，仅有 2.5％的居民感到不满意/很不满意（图 6-13），这一数据也反映了传统城中村的普遍情况，居民之间的邻里关

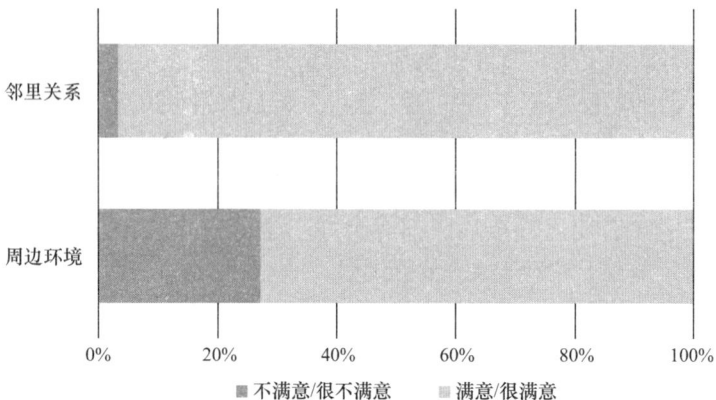

图 6-13　周边环境与邻里关系状况统计

数据来源：作者调研。

系非常和谐，一方面是农村拥有良好的邻里关系这一传统并没有随着村庄的转变而消失，另一方面是城中村的小尺度空间有助于促进居民情感上的交流，形成融洽的居住氛围。

通过以上各项数据分析，系统的探讨了居民对于调查区域城中村的整体满意状况，深入了解了目前居民的看法和需求。主要有以下几个方面的发现：（1）城中村外来人口的居住条件比较艰苦，以家庭为单位的租户占到了 83.8％，然而居住面积大部分集中在 $10\sim30m^2$ 之间，大多数人均居住面积不足 $10m^2$，远远低于泉州市人均 $40m^2$ 的标准；（2）城中村基础设施整体上存在很大的不足。根据以上各项基础设施情况的比较来看，大部分项尚有超过 20％或者接近 20％的人持不满意/很不满意的态度，由此可以看出，居民对于与日常生活息息相关的基础设施有较高的敏感度；（3）在整体满意状况调查中，外来人口和本地居民表现出来很大的差异。对于租户来说，城中村便利的交通、接近工作地点的地理位置、便宜的房租使得他们能够最大限度地降低通勤成本和居住成本。这也降低了他们对于居住面积、房屋质量等其他居住条件的要求。而对于本地居民来说，他们大多数居住条件较好，从自身的利益出发，他们对于居住环境的改善，基础服务设施的增加有着更高的要求；（4）从整体上来看，本次调研的各项指标的满意/很满意占比高于不满意/很不满意，这是因为居住在城中村中的居民对于居住满意预期较低，因而更容易获得满足感；（5）居住满意度的提升不仅需要物质层面的改善，和谐的邻里关系以及地方归属感等精神层面上的因素对居住满意度产生着重大影响。因此，在提升城中村物质基础设施的同时，营造良好的社会人际关系，促进社会融合对于提升片区居住满意度同样不可或缺，图 6-14 为实景照片。

图 6-14　实景照片
资料来源：作者自摄。

6.4　城中村改造推进情况与存在问题

6.4.1　城中村改造历程

　　1997 年，经国务院批准，泉州市设立丰泽区，作为一个在原城乡接合部基础上建立起来的新区，城中村问题日益凸显，严重影响泉州市中心城市规划建设的实施及中心城市品位的提升，因此，丰泽区开展旧城改造，这是泉州市城中村改造最早的实践。

　　2005 年，泉州大桥南片区、田安路、东海片区、城东片区等一系列拓改工作或拓改的前期准备工作陆续展开，其中就牵涉到了大量的城中村改造工作。而对于东涂片区，在丰泽区二届人大四次会议上，丰泽区已经意识到城中村已成为困扰泉州中心城市发展的"痼疾"，标志着泉州市城中村改造已经纳入正轨。泉州丰泽区政府当年制定了《2006~2010年城中村改造计划》，并制定了2007年前"城中村"改造分年度计划，计划2005年投资4亿6千多万元，3年总投资15亿多元用于"城中村"的改造。与此同时，晋江市紧跟泉州市城中村改造的步伐，决定将湖光西路区域、石鼓路区域、莲屿路区域等几个项目列为旧区改造的重点项目，进行统一规划，块状改造，其中晋江市规模最大、范围最广的旧城改造项目——晋江市区湖光西路区域拆迁改造全面启动。

2006年，泉州市政府进一步扩大城中村改造范围，原则上同意鲤城、丰泽区在城市规划的基础上，分期分批对城中村实施改造建设。在旧城改造部分完成的基础上，市政府正逐步将城中村的改造列为城市建设的一个重点。同样作为城中村典型地区的石狮市，在《石狮城市总体规划纲要（2006~2020）》评审通过后，正式拉开了城中村改造的帷幕。《纲要》明确提出，要因地制宜组织居住区规划结构，逐步成片地改造石狮旧城和"城中村"。2009年，石狮市召开旧城区、城中村改造专题会，落实泉州市关于城中村整治的意见。

2010年，福建省连续出台《福建省人民政府关于加快推进旧城镇旧厂房旧村庄改造的意见》、《关于旧城镇旧厂房旧村庄改造工作的通知》，标志着"三旧"改造在福建省正式全面启动。泉州市结合实际情况，出台了《关于推进中心市区旧城镇旧厂房旧村庄改造的实施意见》，为城中村改造提供了政策保障。2010年，晋江市启动了市史上最大规模旧城改造项目——梅岭组团改造，计划3年内将位于晋江城市核心区的典型城中村——梅岭组团总用地6987亩改造完成，其中用于景观营造、配套设施、市政工程、安置房建设的用地达78%，基本采取区域内安置、就近安置的办法。

2011年，泉州市中心市区（鲤城、丰泽、泉州开发区、洛江万安街道）"三旧"改造专项规划应运而生，全面启动了泉州市主城区城中村的改造，目前正在科学有序地推进。

2012年，石狮市重点民生项目——钞坑片区改造拉开序幕，钞坑片区改造工程指挥部制定《石狮市钞坑片区改造征地拆迁补偿安置实施方案》，落实本片区居住困难户保障措施，充分保障弱势群体的合法权益。至2013年初，逾60%的村民签订房屋拆迁协议，为钞坑综合体的顺利建设提供了保障。

2013年，晋江召开五大片区改建工作推进会，就罗裳片区、梅庭片区、博览片区、鞋都片区和紫帽片区的改建工作进行全面动员、统筹推进和全面铺开，并将之作为该年度晋江城建工作的"一号工程"。

可以看出，泉州市在21世纪初就认识到城中村问题，开始依托旧城改造来推动城中村整治；2005年扩大了整治改造范围，同时石狮市、晋江市拉开了城中村改造帷幕；近几年来，主城区区政府、晋江市政府、石狮市政府高度重视城中村改造，不断出台政策以保障改造的科学有序推进，并将改造作为年度城市建设的重点工程。

6.4.2　城中村现状

泉州市城中村数量多，分布广泛，主要集中在丰泽区、鲤城区以及半城市化地区晋江市和石狮市的市域内。据统计，泉州市（除泉港区）内目前共有城中村近270个，总面积达2000多公顷。泉州市城中村涉及人口数量多，大量的外来人口集中在城中村内；人口构成复杂，城中村内既有农村人口，也有城市居民与外来人口。总体而言，城中村与泉州市在地域上已经连为一体，特别在晋江、石狮地区，成为城市不可分割的一部分。随着泉州市步入城镇化快速发展阶段，城中村的问题也越来越凸显出来，成为阻碍泉州市新时期发展的绊脚石。

6.4.3　城中村改造存在问题

虽然泉州市城中村整治改造工作开展较早，采取了各种政策保障，也取得了一定的成功，但城中村改造是一项复杂的社会系统工程，牵涉面广、工程量大、时间跨度长，再加上泉州市区域发展差异明显，所以在城中村改造中也存在不少问题。

1. 原有问题隐患依旧延续

泉州市在 2008 年为迎接卫生城市复评而对城中村的"五乱"进行了一轮整治，但是调研中发现，整治效果并不明显，原有的景观、环境卫生问题依然存在。根据环湾地区 8 个城中村的调研结果显示，泉州市城中村土地利用混乱的问题依旧存在，空间形态上表现为"似城非城，似乡非乡"；景观与环境卫生问题不容乐观，原有的违法搭建并未拆除，加上工场和作坊的存在，城中村已经成为城市景观的边缘区；与此同时，虽然大部城中村按照居住小区的配套要求进行了基础设施配套，但是绿化率偏低、缺乏停车场、污水处理不当等依然是城中村的大问题。治安问题依然突出，根据泉州市的相关调查，70%以上的城中村居民认为城中村的治安状况令人担忧。由此可见，城中村原有的问题在改造整治中尚未基本解决。

2. 投资主体和资金缺乏，实施主体缺位

资金是泉州市"城中村"改造的瓶颈问题。在调研中发现，虽然有村集体经济的存在，但几乎所有的村集体都支付不起城中村改造的高额费用，因此必须引入开发商。但在国务院下达各市必须建立保障性住房的硬性指标后，开发商参与城中村改造的积极性一定程度上陷入低迷。同时由于地方政府债务的不断上升，保障性住房的任务成为开发商不得不接受的"政治任务"，这导致不少开发商对城中村改造持"远离态度"。尽管泉州市包括晋江市、石狮市提出了城中村改造的宏伟目标，但是不得不面对投资主体和资金缺乏的困境。

街道作为政府的派出机构，居委会作为自治组织，均缺乏承担城中村改造相关职能的法律依据和现实条件。城中村改造主体的唯一选择就是由农村集体经济组织转制而成的股份制企业。这种股份制企业的最终决策权在股东即原住民手中，因此企业在改造过程中作用的发挥取决于原住民的认识。调研结果显示，如新湖社区等原住民认识层次较高的城中村，改造推进很快；而原住民认识层次较低的城中村，改造推进阻碍重重。

3. 政策矛盾日益凸显

按泉州市政策规定，"城中村"改造应与《村民委员会组织法》的实施有机结合，但在操作中规划与议事程序出现不可避免的矛盾。一方面，先由各村编制方案，经过严格的民主议事程序，自下而上报批，但往往与全市的规划不够吻合，上级不认可，如林边社区和霞行社区自己均编制了规划，但是上报审批时均得到不符合上层次规划而不能通过的结果；而另一方面，自上而下形成的方案由于政府的"寻租行为"和对开发商的偏向而脱离实际，让村民难以接受，造成村民通不过的结果。另外，虽然市政府出台了一些有关政策，但相关条款不够严谨，反而不易操作，这导致目前村民对市给的政策也信心不足。村民认为改造政策定下来后，既未以政府文件的形式发布，也未立法，其法律的约束力颇受质疑。所以，面对长时间的改造期限，政策的明确性、连贯性、稳定性已经直接影响到泉州市"城中村"改造的进程。

4. 地方特色建筑破坏严重

在城中村改造过程中，尽管各区、市政府均安排组织实地走访进行文物勘测登记造册，并多次与开发商协商城中村的文物保护拆迁事宜，但不少具有泉州特色的地方祖庙、祖厝、宗祠等均被拆除，甚至一些华侨的祖屋也在改造中被拆除，引发了不少社会问题。地方文化局呼吁对这些建筑进行保护，但是根据调研结果，不少村庄负责人持有祖庙、祖厝、宗祠等均属于封建糟粕的错误观点，直接导致地方特色建筑消失在城中村改造中。

6.5　改造方式选择及政策建议

6.5.1　城中村改造模式

根据以上案例以及城中村改造参与主体所承担的不同角色和发挥的不同作用，本专题将城中村改造模式分为三类：村集体主导型、政府主导型和开发商主导型。

村集体主导型：是指由村集体进行筹资改造、村民共同对改造行为参与和决策的改造模式。村集体筹集资金对城中村进行改造，享受改造城中村的收益，极大地调动了村民的积极性，减少改造阻力，且能制定出比较切合实际的方案。但是这种改造模式对村集体的经济实力和技术力量、管理水平提出了较高的要求。广州市猎德村改造是该模式改造的典型案例。

政府主导型：主要是以政府作为改造的执行部门全权负责改造工作，由政府进行财政预算开支，将改造过程的费用均纳入预算当中。这种改造模式利于调配资源、快速推进改造项目，并从社会公平的角度来解决利益冲突问题，同时也对政府的财政能力提出了较高的要求。这种改造模式在深圳的城中村改造中较为常见。

开发商主导型：是指在改造中由开发商自行负责改造决策和实施，同时承担所有费用。这种模式符合市场经济规律，有利于市场化运作，确保实现政府、村集体、开发商三者的共同利益。同时，开发商的专业知识和经验、优秀的项目管理和市场运作能力，也能够确保开发项目的品质。但这种模式也存在着开发商追求自己利益最大化从而引起利益纠纷的问题。珠海市水湾头村改造是此模式的典型案例。

总体而言，这三类改造模式基本上涵盖了目前城中村改造的主要模式。但此分类不是绝对的，在城中村改造的过程中，还需要政府、开发商、村集体共同参与，有效协调分工

（表 6-10）。因此，泉州市城中村要因地制宜，灵活选择城中村的改造模式，而且政府都必须参与控制和指导，进行全程跟踪。

城中村改造模式比较   表 6-10

	村集体主导型	政府主导型	开发商主导型
改造主体	村集体	政府	开发商
政府作用	参与	突出	参与
投融资	村集体筹资	财政收入、政府融资	开发商筹资
优势	村民接受度高，保障村民利益，有利于操作	有利于调配资源，快速推进项目，充分考虑社会整体利益	开发商经验丰富，符合市场规律，资金来源稳定，项目品质有保障
劣势	对村集体资金实力、技术水平、管理水平的要求高	对政府财力的要求高	因开发商追求利润最大化，易引起利益纠纷
案例	广州市猎德村	深圳市渔民村	珠海市水湾头村

6.5.2 对泉州市城中村改造的启示

通过对广州、深圳、珠海等典型地区城中村改造的综合分析，结合本次城中村专题问卷调研中从村（居）委会和城中村住户角度了解到的城中村基本情况以及对泉州市城中村居住群体的主要特性、不同群体对城中村的满意程度以及常住居民的改造意象，对于泉州市城中村改造，我们得出了如下启示。

1. 把握改造时机，科学制定规划，协调多方利益

泉州市城中村中超过半数的房屋使用年限在 20 年以上，且以石结构房屋为主，房屋质量较差，表明泉州市城中村改造的物质条件已经成熟；同时，通过改造意愿的调查，65.9% 的居民希望进行改造，几乎所有的村（居）委会负责人均表示需要进行改造，表明改造的社会条件已经相对成熟。深圳、广州等城市在认识到城中村问题后很快着手进行改造，避免了因城中村发展带来的一系列社会问题和城市问题。因此，泉州市要紧紧把握该时机，展开城中村改造。

成功的城中村改造始终注重把握城中村改造的主动权，重点把好规划关和政策关。珠海"规划最优"概念带来城市社区建设档次的提升，提升了城市综合竞争力；深圳在确立了城中村改造目标后，出台了一些相关政策，为保障政府在城中村改造中的协调权和改造的可持续进行奠定了良好的政策基础。因此，在泉州市改造过程中应该科学制定规划，完善各类政策，消除以往开发商独自开发而未有政策支持的诸多弊端，利用政府的行政特性得到被拆迁方信任，减少矛盾，确保改造工作的顺利进行。

城中村改造涉及利益群体较多，需要根据实际情况来协调各方利益。根据调研以及珠海市城中村"三赢"的改造经验，可根据村集体经济状况来确定各利益涉及者。村集体经济总量不足的城中村，需要政府、开发商参与；有一定经济实力的村集体，可考虑排除开发商，以村集体和村民为主参与改造；同时改造过程中应当将泉州市特殊群体——华侨纳入考虑，改造过程中涉及华侨房屋，需要联系华侨本人，沟通好城中村改造相关信息，避免产生的纠纷。

2. 灵活采取改造方式，妥善处理社会关系

改造意向与城中村改造方式调查一定程度上直接决定了城中村改造方式的最终选择，并影响着城中村改造能否顺利进行。广州市在2005年采取了与之前不同的改造方式，就是对市场背景下城中村改造的灵活应对。通过对晋江、石狮等地城中村村（居）委会负责人的了解，各城中村负责人均认为不应该采取单一的改造方式，应主要以环境提升、分片区改造和全面改造为主；对希望改造的城中村居民的调查表明，70.6％的居民希望采用整体搬迁拆除、重新规划建设的改造方式。另有少部分人希望进行局部改造。一种是整体保留、以修缮为主；另一种是局部控制改造，这表明泉州市城中村改造应该以整体拆除改造为主，以整体保留环境提升和局部控制为辅，灵活运用多种改

造方式，不拘囿于单一改造方式；同时将具有地方特色的宗祠、祖庙纳入考虑，具有典型泉州特色的街道可选择典型进行保留。

城中村改造既是一项技术工程，也是一项社会工程，社会影响明显。61.8%的原住村民家中有至少一户租户，在改造过程中需要统筹考虑租户和原住村民之间的关系，不能一刀切地将租户隔离在改造之外，以免引发原住村民与租户的矛盾。同时农村传统和谐的邻里关系以及泉州人的豁达豪迈和热情拉近了本地人与外来人口的距离，邻里关系融洽。在城中村改造过程中，需要进一步促进居住融合，形成融洽的居住氛围。

3. 拓宽资金渠道，规范市场运作

在广州、深圳、珠海等城市的城中村改造中，真正由政府直接投资的并不多，更多是由房地产商或村集体投资。吸引开发商以及其他商业机构来投资旧村改造，需要在改造过程中"有利可图"。由村集体完成旧村改造投资，则村集体的资金压力比较大，难以完成改造任务或完成配套设施建设，进而直接影响到旧村改造效果。访谈结果显示，虽然部分村集体有一定的集体经济，但是由于城中村改造拆迁成本较高，各城中村迫切希望政府与开发商的介入。泉州市城中村改造所面临的最大难题就是资金缺乏，加上开发商难介入，受到各类限制，致使改造项目举步维艰。因此，本次城中村改造需要市场化运作，政府发挥监督管理职能，规范市场运作；同时，多渠道筹措资金将是本次城中村改造成功的重要保障，政府一方面可以直接通过资金补贴村庄改造；另一方面可以从财政中安排部分无息或低息贷款作为村庄改造的启动资金。

4. 突出居住群体需求，以人为本，注重公平

城中村改造工作是一项关系到社会民生的大工程，在制定政策措施上和工作方式方法上应坚持以人为本，加强落实公众参与，充分考虑本村村民的利益诉求，促使村民加快从农民向市民的转变。城中村居民对于与其切身利益相关的问题（安置

补偿标准、过渡房安排、房屋拆迁后的生活来源、就业问题、养老、医疗等社会保障问题、收入降低问题、集体分红、宗祠安排、停车场和其他）中关注度最高的三项为安置补偿标准、过渡房安排和房屋拆迁后的生活来源，居民十分关注因拆迁而带来的现实收益以及拆迁后的生活保障问题。因此，在城中村改造过程中，需要合理确定安置补偿标准，特别是针对泉州市户均建筑面积超过 $200m^2$ 的情况，需要结合房屋层数，制定合理的梯度补偿政策，并合理、公平地对房屋进行分配。

对于拆迁过程中涉及的原住村民，需要妥善进行过渡房安置，并安排原住村民进行就业培训。此外，泉州市城中村原住村民老龄化趋势明显，且 91.3% 的原住村民只有一幢房屋，因此，在改造过程中需要坚持安置楼优先建设的原则，完善各类配套设施，保障其基本生活，这种公平对待的措施可以赢得村民的理解和支持。

针对大量流动人口的情况，要进一步完善流动人口管理，出台相应的政策；地区离工作地点近、租金低和小孩上学方便是流动人口在城中村租房的三个最主要的原因，表明城中村的高可达性、低成本支付以及公共产品属性吸引了外来人口并给予安置空间，因此，城中村改造中应该由政府统筹协调设置低收入安置区和外来人口居住社区，完善公共设施，继续发挥"城中村"的社会责任与职能，避免引发社会问题。

6.5.3 改造方式选择

调研所涉及的居民中包括外来租户和本地居民两大群体，考虑到外来人口仅仅是短时间租住在此，城中村改造与否跟他们没有直接的利益关系，外来群体的态度并不能如实的反应片区的改造意愿，因此，本次调研对于改造意象这一问题只针对常住居民。不同的群体有着不同的利益诉求，在同一个问题上，不同群体有着不同的态度和观点，甚至相同群体之间也因为自身利益的大小表现出了强烈的差异。根据统计数据可以看出，调研地区的居民对于改造意愿产生了两种截然不同的态度，一种是希望改造（占到了65.9%），另一种是不希望改造（占到了28.1%）（图6-15）。希望改造的人远远多于不希望改造的人，说明随着城市的发展，城中村的整体环境状况与周边城市景观形成了巨大的反差，更多的居民希望通过对城中村的改造来寻求更加舒适的居住环境。对于持否定态度的人，在实际走访过程中了解到，这些人大体分为两种：一种是家里拥有较多的住房面积，居住条件及周边环境条件较好，依靠出租房屋每年有可观的经济收入，这类群体对改造持完全否定的态度，尤其是整体搬迁式的改造。另外一种是部分老年人群体，他们长期居住在此，目前的状况符合他们自己的生活方式，不愿意轻易动迁。

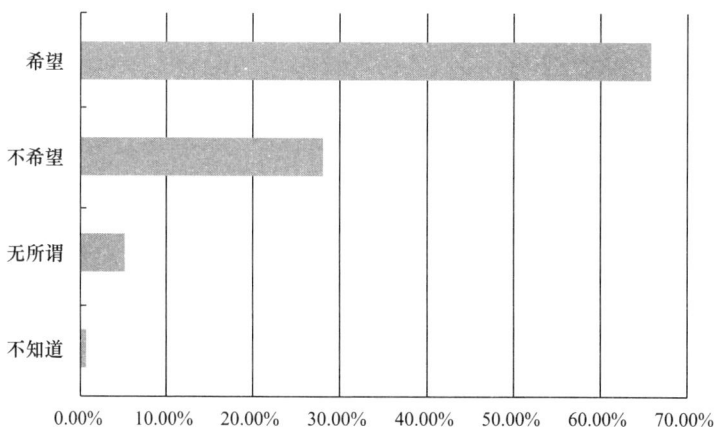

图 6-15　改造意向统计

数据来源：作者调研。

对于愿意改造的群体来说，对于采用何种改造方式也呈现出不同的态度，70.6%的居民希望采用整体拆除、重新规划建设的改造方式。另有少部分人希望进行局部改造，一种是基本保留、以整体修缮为主，另一种是局部控制改造，分别占比为

16.7％和11.8％（图6-16）。从以上数据统计分析可以看出，绝大多数人希望改造，且希望采用整体拆除，建设城市型居住空间的方式来对城中村加以改造。

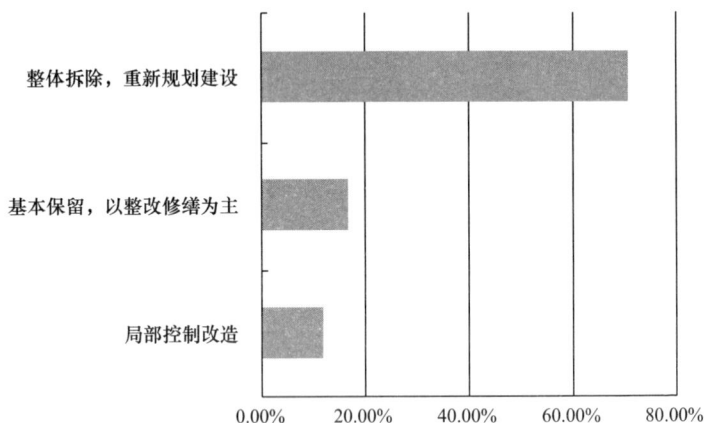

图 6-16　改造方式统计
数据来源：作者调研。

　　根据以上分析以及相关案例借鉴，按照改造方式的不同，本轮城中村改造主要有整体重建型、局部整治型和重点控制与综合整治型三种主要方式。改造过程中以整体重建型为主，同时灵活地有条件地选择局部整治型和重点控制与综合整治型。

　　整体重建型：从城中村的整体格局到单个建筑的全面推倒重建。一般适合那些地理位置优越、土地价值高、严重影响城市规划和城市景观的城中村，此种类型的城中村改造需要投入大量的资金，并需要全面考虑原住居民的安置回迁问题。

　　局部整治型：在保持城中村整体格局的情况下，对局部区域、关键要素进行重点改造。这种模式一般适用于处在城市建成区，但是布局较为合理，拆迁难度很大的城中村。此类改造主要包括适当改善城市基础设施，增加社区配套服务建设，改善居住环境，实施社区统一管理。

重点控制与综合整治型：指对暂不需改造、不具备改造条件、因历史文化的保护价值不适宜改造的城中村进行新建建筑控制，避免城中村形势进一步恶化。在保留大部分建筑的基础上，整治破旧建筑，拆除违章建筑，改善市政基础设施，完善公共服务设施，推动环境整治，提升城中村的人居环境。

以上三种改造方式，要根据城中村不同的改造要求进行综合选择。泉州市在进行城中村改造时，需要综合运用上述改造方式，根据改造参与主体发挥的功能，借鉴珠海等地区的优秀经验模式，按照"政府决策，政策推动，市场运作"的原则，科学有序地进行城中村改造。

对于整体重建型城中村，按照城市标准建设现代社区，其住宅建设、公共服务和基础设施配套等都要符合城市建设的相关标准。对于局部整治和重点控制与综合整治型城中村改造，统筹安排，参照福建省《关于加强城镇公共配套服务设施建设规划的意见》以及国家相关规范文件，按照以下公共服务设施和市政公用设施配置要求进行完善。

城中村改造涉及当地居民的切身利益，必须为广大居民所接受，改造工程才能得到更好的实施。因此，在改造过程中必须充分了解当地居民最关心的问题，倾听当地居民的声音。为此，在本次调研中我们设计了十个与当地居民切身利益相关的问题，分别为安置补偿标准、过渡房安排、房屋拆迁后的生活来源、就业问题、养老、医疗等社会保障问题、收入降低问题、集体分红、宗祠安排、停车场和其他。通过数据的回收和统计，我们发现居民对于前三个问题的关注度最高，分别达到了71.2%、49.5%和54.1%。由此可见，居民十分关注因拆迁而带来的现实收益以及拆迁后的生活保障问题。与此同时，居民对于就业以及养老、医疗等社会保障问题也有一定程度的关注，分别达到了19.8%和22.5%，而居民对于其他问题的关注度相对较低，均维持在10%以下，说明居民更关注的是看得见的收益（图6-17）。

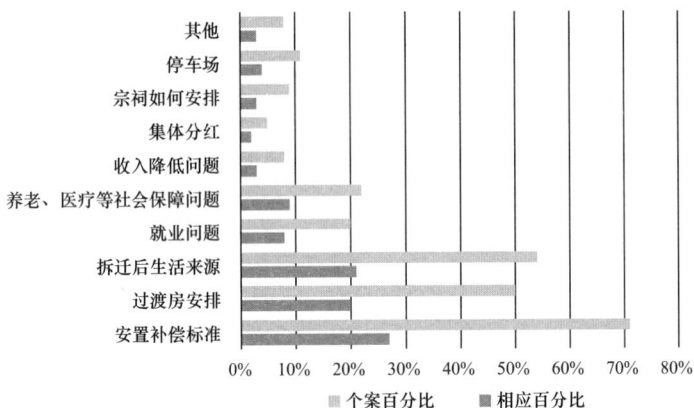

图 6-17　关注问题统计图

数据来源：作者调研。

因此，在改造模式确定的基础上，政府需要及早制定完整的改造计划与改造措施，并采取公开、互动、协调的公众参与方法和程序，让村民积极参与策划、规划、实施的全过程，争取村民的理解与支持，便于改造的顺利实施。对于村民关心的安置补偿标准、过渡房安排、拆迁后生活来源与就业问题等需要详细讲解，并与村民进行协商。

通过以上改造意愿和改造方式的调查，我们了解到近 70% 的人持希望改造的态度，且每个人都从自身的利益出发选择不同的改造方式，不管选用何种改造方式都表达出了居民对于城中村改造的迫切愿望。城中村一直是城市化进程中的重点和难点，城中村的改造是一项系统的工程，既有规划技术的要求，更多涉及政策制度及体制的完善、更新，需要在实践中不断地摸索总结，要针对各地不同的特点，采取切实可行的运作模式，实现城中村的和谐改造。

6.5.4　政策保障与体制机制创新

由于城中村是复杂社会经济和制度的产物，泉州市在制定出符合自身情况的城中村改造模式的情况下，还需要通过各类政策措施保障其有序推进，在体制机制方面也需要寻求突破和创新，提升城市品质，加快推进城镇化发展。

1. 保障措施

（1）落实政策支持

在用好当前福建省和泉州市"三旧改造"政策的基础上，进一步研究制定城中村房屋产权确认政策，根据城中村实际情况调优拆迁补偿政策，区别对待村民建房、自用住宅、历史建房和非村民建房、超标准、超批准面积建房、经营用房、不同时期建房的补偿标准；借鉴珠海市的做法在国家和省拆迁法规规定的范围内，制定有利于村民的拆迁政策；调低税收政策，对"城中村"改造拆迁中的原村集体经济组织和村民的复建房屋应免收土地出让金和市政建设配套费，其他与"城中村"改造拆迁相关的税费在实际操作中也应予以适当的减免；市政府调高土地出让政策，适当收缩其他土地供给，引导开发商积极关注"城中村"改造，确保"城中村改造"顺利推进。

（2）加强组织领导

成立由市住房建设局主要负责同志牵头、市政府协调、市直属各部门参加的泉州市城中村工作领导小组，负责统筹协调、督促指导全市开展城中村整治工作。同时开展研究部署、指导实施城市品质提升工作。领导小组办公室设在市住房建设局，负责市城中村改造相关工作的具体实施。

同时将城中村改造的执行情况纳入相关职能部门及各区人民政府、市人民政府的年度目标责任制管理，全力推进，狠抓落实；各级党委、政府要把目前各部门承担的专项工作与"三旧改造"结合起来，集中人力、财力和物力抓好一批"城中村改造"典型。要把"城中村改造"工作的成效作为考核各级领导班子、领导干部工作实绩的重要依据和工作能力、工作水平的重要内容。

（3）强化舆论宣传

通过丰泽区和鲤城区以及晋江市、石狮市已经开展的城中村改造实施情况来看，城中村改造工作的有序推进，村委会和村民的理解和支持是关键。从调研的情况来看，目前改造工作的阻力主要来自地方基层干部和群众。所以，有必要通过强化舆论宣传，把各地，特别是有条件、有必要开展改造的城中村村（居）委会和村（居）民的思想，进一步统一起来，让基层干部和群众增加对改造工作的了解，增强信心，获得他们的大力支持。建议抓住"三旧改造"机遇，联系具有地方影响力的新闻媒体对这项工作予以关注并进行深度报道，阐明开展改造工作的理论依据、法律政策依据和对提升城市品质的重要意义，介绍全国各地的成功案例和实践经验，促使村委会、群众切实转变发展观念，改变态度，加大支持力度。

2. 体制机制改革创新

（1）提高改造规划建设水平，全面提升城市品质

在"三旧改造"的技术基础上，高起点、高要求、科学编制城市规划。针对丰泽区、鲤城区和洛江区，规划应充分考虑城市用地功能、基础设施的发展水平及城市容量的适度控制标准，确定城市基础设施布局和建设开发时序，在宏观层次上发挥对泉州市未来整体地价的引领作用。针对半城市化地区晋江市和石狮市，要将已形成"城中村"地区的改造纳入城市规划建设中，对城市中心地区、旧城改造地区、近期发展地区以及其他重要地区必须优先做出改造规划，形成规划图则和文本，作为改造以及规划管理的依据，避免"城中村"的再次出现。规划要超前并公之于众，以增强政府经营土地资产的计划性，也便于投资者决策、监督，更有利于得到"城中村"广大村（居）民的理解和支持。

（2）推动政策对接，强化法律地位

泉州市在制定各类城中村改造相关政策时，应充分考虑村经济集体这一特殊群体代表，切实做好改造政策与现有行政村、村委会、居委会管理政策、法律、法规的对接，避免在规划编制、拆迁补偿、房屋分配和过渡安置过程中出现"一厢情愿"

的局面。同时，根据福建省和泉州市"三旧改造"的相关精神，推动《泉州市城中村改造总体规划》、《泉州市城中村改造暂行规定》、《泉州市城中村改造实施方法》等相关法规、规章的修订，加大改革创新力度，促进既有的"三旧改造"成果以立法形式予以确认和固化，强化其法律地位。

（3）深化土地与户籍制度改革，完善社会保障制度

户籍制度和土地制度作为城中村的直接催生者，在城中村改造中扮演着相当重要的角色。泉州市尤其是晋江市和石狮市，需要完善土地市场体系，改革城乡二元的土地管理制度，逐步建立城乡统一的土地市场，扩大市场机制在土地资源配置上的作用范围。在集体土地国有化过程中，不断完善土地征用制度、土地税收制度、土地收益分配制度等。

泉州市城中村改造应该紧抓"国家高度重视户籍制度改革，将其作为2013年四项重点工作之一"的机遇，探索村民市民化的户籍制度改革路径，着重完成打破现有的市民与"城中村"村民的利益格局而不造成新的社会冲突与群体对立、革除户籍利益分配功能而使其回归到仅仅作为对人口进行登记管理的必要手段以及为城中村村民"市民化"的同时配套教育医疗、社会保障等基本福利这三个方面。通过城中村的改造，完善医疗、教育、体育、文化等公共服务设施体系，使村民真正享受到城中村改造和市民化带来的社会保障。同时，针对流动人口要继续落实中央已经制定的相关政策，放宽落户条件，建立城乡统一的居住登记制度，推动重点人群的落户，完成养老、医疗、低保等方面的福利待遇配套。

（4）创新管理体制，建立多元协调机制

泉州市目前城中村仅仅实现了农村户口变更为居民户口、村委会改为居委会两个表层次的目标，而在关键的几个深层次问题上，如集体经济组织的定位、市政基础设施建设和管理经费的投入、"农转居"人员享受与城市居民同样的公共服务等，都没有彻底解决。

泉州市需要在实现集体土地变为国有土地、集体经济转为股份制经济、农业户口转为居民户口和撤村委会建居委会的基础上，把村民纳入到城市的就业和社会保障体系中，养老保险、医疗保险等社会保障等都一并解决，彻底消除城中村中的二元管理体制。按照"同城同待遇"标准，建立"村改居"社区管理体制改革工作机构，推动上级政府、居委会、村集体经济组织和村民四者之间多元协调机制的建立，以社区管理体制改革工作机构为联系机构，实现集体经济发展和社区自治功能双赢。

第7章 人口流出地地区乡村：
山西长治的实证研究

在前面几章中，我们研究了扬州、泰州和泉州的案例。这些案例位于中国经济较发达的东部沿海省份，这些地区乡村转型的社会经济基础较好，转型也相对容易。下面我们对中部欠发达地区的乡村变迁进行研究，并选取了山西长治的乡村作为案例，通过对乡村农户进行问卷调查和深度访谈，分析劳动力转移导致的乡村社会特征以及由此产生的效应，并尝试构建引起落后地区乡村社会变迁的动力机制，最后从制度、产业以及供给机制等视角提出了几点振兴乡村建议对策。

7.1 研究区域概况及数据获取

7.1.1 研究区域概况

本章案例地选取山西长治市的沁县和武乡县的三个村庄。沁县和武乡县两县比邻，且位于晋东南北部，太行、太岳两山之间。属于我国中部经济欠发达地区，且均为贫困县。沁县县北距省会太原148km，南距长治市80km。处在省城太原与市府长治的中轴线上，全县总面积1318km²，辖6镇7乡，306个行政村，全县总人口17.6万人（2013年）。全县矿产资源匮乏，是一个以种植业为主的典型农业县，也是全省的产粮大县之一。第二产业尤其工业发育严重不足。2013年，全县地区生产总值完成16.33亿元，较上年增长8.1%；财政总收入完成1.46亿元。沁县第二次农业普查农村户籍人口为12.47万人，占当年全县总人口17.11万人的71.85%。近年来，沁县把农村劳动力转移作为"三农"工作的重要抓手，积极引导农民树立新的就业观念。2010 年沁县农村劳动力总数为 5.64 万人，长期外出稳定务工 2.62 万人，季节性外出务工 1.1 万人[1]。

武乡县位于太行山西麓、山西省东南部、长治市最北端，东邻黎城、左权，西界平遥、祁县，北与榆社毗邻，南与沁县、襄垣接壤。县域东西长约 150km，南北最窄地带为 10km，全县总面积 1610km²，辖 9 乡 5 镇 1 个农业开发区，377 个行政村，942 个自然村，总人口 21 万人，其中农业人口 19 万人（2011 年末）。西北距省会太原 117km，东北距石家庄市 181km。武乡对外交通区位优势明显，长太高速公路、平榆高速公路、208 国道、太焦铁路、武左铁路、榆长公路、南沁公路在县域交织，县城到太原、长治两个飞机场均在 1h 以内。但县域内部交通有待加强。目前武乡县以现代农业、新型工业、文化旅游三大产业为主。2011 年全县地区生产总值完成 56.5 亿元，第一、第二、第三产业结构比重为 4.9：68.7：26.4，财政收入完成 12.1 亿元，其中一般预算收入完成 4.2 亿元；固定资产投资完成 31 亿元；规模以上工业增加值完成 38 亿元；社会消费品零售总额完成 7.4 亿元，图 7-1 为研究区域地理位置示意图。

7.1.2 调查村庄基本情况

为了更加准确地反应欠发达地区偏远村庄发展情况，笔者于 2010 年进行实地调研。基于经济基础（主要是农业发展基础）、村庄规模、村庄集聚程度等方面考虑，选取了北涅水村、倪村、元王村作为实证案例。

北涅水村位于武乡县故城镇的东南部，与沁县南涅水村毗邻。当时全村 98 户，310 口人[2]（户籍人口），耕地面积 47.2hm²，

---

[1] 资料来源：沁县政府网站 www.qinxian.gov.cn/33k

[2] 从调研中得知，此数据偏高，因为包括常年在外不归者和部分出嫁女子户口未迁者

150

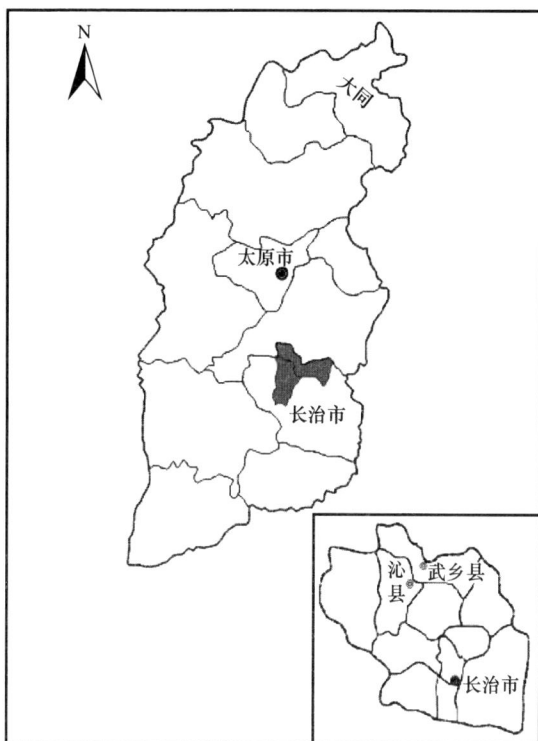

图 7-1 研究区域地理位置示意图

资料来源：作者自绘。

主要农作物有玉米、高粱、谷子、大豆等。故城镇是武乡县农业重镇，不仅耕地较多，而且比较集中，利于集约化劳作。近年来，北涅水村以开展农村环境卫生整治活动为切入点，以加强农村基础设施建设为重点，极大改善了北涅水村与外部连接的交通条件。并对村内主街巷进行了硬化，安装了路灯。村庄现基本 90％农户喝上了自来水、安装了闭路电视、用上了电话，拥有砖瓦房农户达 80％以上。

倪村位于沁县漳源镇的西部，距离沁县县城北部 10km。村庄面积 33.3hm²。当时全村 162 户，户籍总人口 486 人。耕地总

面积约 67hm²，人均年收入约 2600 元。在村庄外围和内部各有
一条硬化道路，村庄内部有自供自来水。

　　元王村位于沁县郭村镇北部 8km，是沁县人口规模较大的
行政村之一。全村南北长约 800m，东西长约 1660m，共分东
头、后窑、南河、西头、垒沟、圪垯、街道七个片区，总面积
为 132.8hm²。截至 2010 年，全村户籍总人口 1461 人，383 户
人家，耕地总面积为 199hm²，以玉米、高粱、谷子、马铃薯等
农作物为主。人均年收入约 2800 元。郭交线（乡道）穿境而
过，与外部有着良好的交通连接。村庄自来水覆盖率 60%。
图 7-2 为案例地区位示意图。

图 7-2　案例地区位示意图
资料来源：作者自绘。

7.1.3　数据获取

为了更为准确、全面的了解经济欠发达地区村庄社会特征及变迁情况，笔者依据村庄规模、经济状况以及自然条件差异，先从沁县与武乡县两个贫困县选取 3 个样本村，再从 3 个样本村中随机抽取 266 户进行调查。问卷设计以家庭为单位，每户选择一人（主要是户主）作为问卷调查对象，调查涉及劳动力转移、收入方式、宅基地变化等相关基本家庭信息，以及对村庄变迁感知等多个方面。调查采用问卷自填法展开，主要由农户自主填写，然后由调查人员监督并收回。为了确保第一手资料的真实性和准确度，笔者随机选择了其中的 32 户进行了深度访谈。需要说明的是，此次调研对象均为农业户籍农户，对于因参军、高考等转为非农户籍、在城市有正式职业以及虽为农业户籍但已举家外迁永久不返乡的家庭不列为调研对象。

本次调查共发放问卷 266 份，收回问卷 266 份。调研共分两次进行：第一次于 2010 年 8 月 25 日～8 月 28 日，笔者对北涅水村进行了预调研，发放问卷 18 份，观察预调结果随后又发放 36 分，并对农户家庭及村庄管理人员（村主任、村干部）进行了访谈；第二次调研于 2010 年 9 月 28 日～10 月 5 日，在样本村聘请的调研人员协助下，分别对倪村、元王村进行了问卷调查，发放问卷共计 212 份（倪村 76 份，元王村 136 份），访谈农户 28 户。

7.2　村庄变迁调查结果

在实地调研中，以农户作为村庄变迁数据的基础单元，通过问卷发放当场回收的方式，对被访家庭人员流动、养老、住宅重置等原始资料进行全面的收集。并紧紧围绕村庄社会变迁情况的各个方面，以村庄社会网络特征、公共产品供给（包括村集体供给和国家供给）、集体经济基础以及农户对村庄变化感知程度作为访谈主线，结合村庄以及农户自身情况（身份、家庭）灵活发问，详细了解了村庄现状信息。为了更加清晰阐述调研基本结果，笔者应用 SPSS 和 EXCEL 软件对部分数据进行了数据分析和图表显示。

7.2.1 村庄外出务工农户调研结果

外出务工是欠发达地区劳动力转移主要方式。从问卷调查的总体来看，三大案例村外出务工农户均较为普遍，但外出务工在数量、结构等方面村庄一定的差异。

对样本指标值计算发现，北涅村样本总量中有外出人员家庭比重为 57.4%，倪村的比重为 61.8%，元王村的比重为 70.6%（表 7-1）。

北涅水村外出务工家庭较少，其主要原因是该村位于农业重镇，耕地资源丰富，人均耕地 0.23hm²，平均每户耕地在 0.99hm² 左右，有的多达 1.45hm²。❶ 而且在国家相关政策的扶持下，不少农户种植经济作物，农业经济效益有一定提高。农户靠种植、养殖基本可以维持家庭开支。而且随着武乡县近年来工业和红色旅游业迅速发展，以及对外交通条件大为改善，到县城所需时间得到很大压缩，部分农户依靠曾经外出打工经验，选择返乡在县城或周边村镇找工作或者做生意，县城镇工业壮大对外出务工也具有一定截流作用。

农户家庭调研基本情况（户）　　　　　表 7-1

村名	有外出务工人员家庭	无外出务工人员家庭	合计
北涅水村	31	23	54
倪村	47	29	76
元王村	96	40	136
合计			266

数据来源：作者调研。

---

❶ 数据来自对该村管理者的访谈。

1. 外出务工家庭差异分析

从家庭外出人数情况来看（表7-2），三大村庄一人外出务工家庭均占有较高比例，均在60％以上，两人外出家庭比重次之。而在有多人外出务工的家庭中，各个村庄情况存在一定差异，但总体而言，中年夫妻或者举家共同外出务工情况较为罕见。随着子女长大成人，无特殊技能的高龄农民工出现回流趋势，而高龄农民工返乡情况与村庄中多人外出务工家庭数量存在一定关联性。从对三个村庄调研数据比较可以看出，村庄中高龄务工者越多，外出务工家庭的类型会越丰富，多人外出务工家庭数量也会越多。

家庭成员外出务工人数　　　　　　　　表 7-2

村名			频率（户）	百分比	有效百分比	累积百分比
北涅水村	有效	一人	19	61.3	61.3	61.3
		两人	12	38.7	38.7	100.0
		合计	31	100.0	100.0	
倪村	有效	一人	31	66.0	66.0	66.0
		两人	11	23.4	23.4	89.4
		三人	5	10.6	10.6	100.0
		合计	47	100.0	100.0	
元王村	有效	一人	62	64.6	64.6	64.6
		两人	32	33.3	33.3	97.9
		三人	1	1.0	1.0	99.0
		3 人以上	1	1.0	1.0	100.0
		合计	96	100.0	100.0	

数据来源：作者调研。

2. 外出务工人员特征分析

外出务工人员的特征主要包括务工人员职业性质、流动周期等。与村庄社会网络和人口结构变迁具有一定关联。例如，技术型强、城乡流动性低一般与村庄社会联系机率较小。在此次调研中，笔者深入农户，对外出务工人员每年平均回家次数，以及回家的大致时间做了详细的调查。以期通过外出务工人员来回流动的情况，透视外出务工人员在城镇就业稳定程度，进而可以推测未来村庄人口演化主趋势。从图 7-3 可以看出，元王村、倪村、北涅水村三大村庄均以 1～2 次/年和不定期返乡人员构成为主。从农业户籍人口进城生活成本角度考虑，1～2 次/年返乡的务工人员属于可以长期找到工作的人员，返乡时间主要是春节和亲人团聚以及收秋时期，具有很强目的指向性。而不定期返乡人员，主要因为无特殊技能，随着城市就业市场情况，在稳定的业源关系下，做频繁的周期性流动。

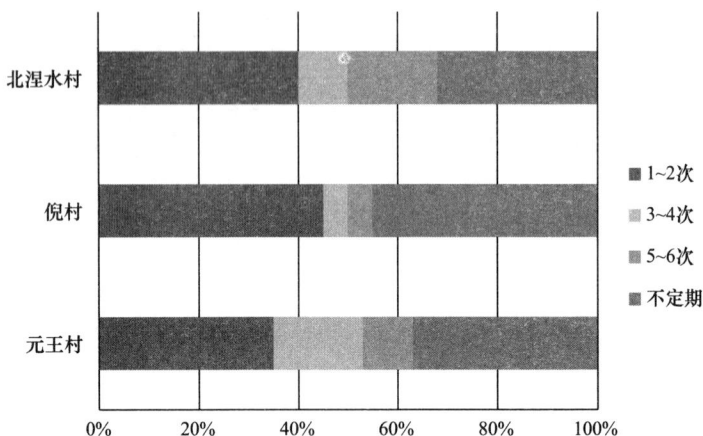

图 7-3　家庭务工人员年均返乡情况（每年）
数据来源：作者调研。

在对村庄外出务工人员在外具体职业类型调查中发现，村庄外出人员主要从事的仍然是劳务型工作为主。这在经济欠发达地区村庄具有一定普遍性，从三个村庄调查资料来看，在市场经济不断深化的今天，作为农户，劳动力是其唯一可以实现商品化的资产。而且这部分劳动力的技术含量不高，或者说有技术含量的劳动力数量很少。随着知识经济和信息化的发展，将来会因为年龄增长，而被淘汰。对于这部分在城市无任何生活保障的务工人员，返乡的比重会越来越多。例如，结合表7-3，北涅水村45岁外出务工人员较少，主要是随着年龄增长，在外务工成本不断增长，且该村农户农业基础较好，返乡意愿会更加强烈。而留在外面的务工人员一般为具有一定技能或者身体健壮的青年。图7-4为务工人员职业类型。

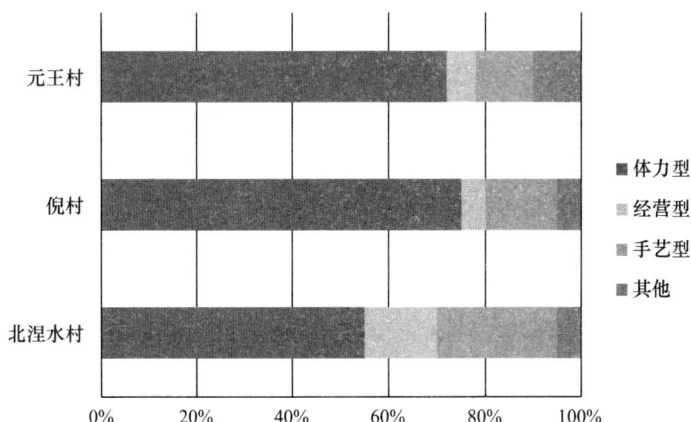

图 7-4　务工人员职业类型

数据来源：作者调研。

3. 外出务工对人口结构影响分析

二次农业普查资料显示，2006年末，山西省农村外出务工劳动力为 194.60 万人，其中男性占到 75.30%❶。同年统计，沁县农村户籍人口为 12.47 万人，占当年全县总人口的 71.85%，外出务工人口占到全县农村人口的 29.76%❷。老年负担系数为

---

❶　新浪新闻 http://www.sina.com.cn。

❷　数据由相关部门提供。

11.75％，这说明沁县人口已进入老龄化阶段（65岁人口占15～64岁人口比重超7％）。

从此次问卷调查的访问者个人信息以及笔者对农户家庭留守人员身份统计中，可以发现被调查的农户中30％以上的家庭属于老年型（留守者55岁以上），而且留守老人中65％以上为女性。从表7-4也可以看出，三大村庄被访农户"无子女或者已独立"频率最高（无子女指新婚丁克家庭，此概率很低），侧面反映出老年型农户比重较大。结合表7-3可以发现，北涅水村外出务工人员年龄在15～34岁之间的，占到样本外出总人数近70％，而45岁以上者占样本总量不足5％；倪村外出务工人员年龄在15～34岁之间的，占到51.5％，45岁以上者占到10.6％；元王村45岁以上外出务工者占到该村样本外出人数的15.8％。由此得知，新生代（80后出生）已经成为村庄外出务工队伍的主力军，尤其是北涅水村，虽然县城工业发展迅速，但第三产业还不够发达，而新生代的就业喜好更倾向于服务行业，这是北涅水村外出务工者以青壮年为主的主要原因。

外出务工人员年龄 表7-3

村名			频率	百分比	有效百分比	累积百分比
北涅水村	有效	15～24岁	15	34.9	34.9	34.9
		25～34岁	15	34.9	34.9	69.8
		35～44岁	11	25.6	25.6	95.3
		45岁以上	2	4.7	4.7	100.0
		合计	43	100.0	100.0	
倪村	有效	15～24岁	15	22.1	22.1	22.1
		25～34岁	20	29.4	29.4	51.5
		35～44岁	24	35.3	35.3	86.8
		45岁以上	9	13.2	13.2	100.0
		合计	68	100.0	100.0	

村名			频率	百分比	有效百分比	累积百分比
元王村	有效	15～24 岁	32	24.1	24.1	24.1
		25～34 岁	30	22.6	22.6	46.6
		35～44 岁	50	37.6	37.6	84.2
		45 岁以上	21	15.8	15.8	100.0
		合计	133	100.0	100.0	

数据来源：作者调研。

通过以上综合分析，笔者发现在调查的三个案例地中，随着外出务工队伍的年轻化，青壮年常居人口比重不断下降。甚至会影响到少年人口比重。造成这种现象有诸多因素，对农户进行访谈记录整理发现，主要有以下几个原因：首先，随着国家人口政策（计划生育）长期实施以及人力资本投资增长，以及进入婚龄的（80后）人口素质的提高、生活理念变化，进而导致村庄自然人口出生率下降（表7-4也有反映）农户抚养子女数量开始下降；其次青壮年农民对农业弱质性的排斥以及对城市生活的向往，加剧了外流的倾向。另外，从表7-4可以得知，随着年轻人在外结婚、生活，小孩随务工者进城或迁出村庄的比例也相对较高，如北涅水村和倪村。

家庭子女抚养情况　　　　表 7-4

村名			频率	百分比	有效百分比	累积百分比
北涅水村	有效	留给老人照看	1	3.2	3.2	3.2
		无或已独立	11	35.5	35.5	38.7
		学龄前留农村，上学带走	1	3.2	3.2	41.9
		妻子在家照看	11	35.5	35.5	77.4
		自己带走	7	22.6	22.6	100.0
		合计	31	100.0	100.0	

村名			频率	百分比	有效百分比	累积百分比
倪村	有效	留给老人照看	6	12.8	12.8	12.8
		无或已独立	17	36.2	36.2	48.9
		学龄前留农村，上学带走	3	6.4	6.4	55.3
		妻子在家照看	5	10.6	10.6	66.0
		自己带走	16	34.0	34.0	100.0
		合计	47	100.0	100.0	
元王村	有效	留给老人照看	13	13.5	13.5	13.5
		无或已独立	45	46.9	46.9	60.4
		学龄前留农村，上学带走	2	2.1	2.1	62.5
		妻子在家照看	28	29.2	29.2	91.7
		自己带走	8	8.3	8.3	100.0
		合计	96	100.0	100.0	

数据来源：作者调研。

7.2.2 无外出务工家庭调查结果

为了全面把握村庄信息以及更好地了解村庄劳动力就地转移情况，在调研中对无人员外出务工家庭也进行了调查与走访，主要为两个方面：一方面是对家庭经济收入状况（包括收入的方式和构成）的调查，另一方面是对留守原因及外出务工意愿的了解。从家庭收入方式来看，虽然农业仍然是三大村庄主要的收入方式，但收入多元化现象较为普遍（表7-5）。笔者对问卷数据进行归类分析，发现单纯依靠种地创收农户多为老年型家庭，年轻型或新农户除表现为家庭收入开始向传统种植、养殖业拓展外，商贸性收入（如小商店、赶集等）、劳务性收入（瓦匠、货运等）也已经成为留守农户收入的重要渠道。

"像我们这样上有老下有小的家庭，靠那几亩地根本维持不了生活，村里有人赶集做生意，咱也没闲余资金，村里有人能联系到活儿，暂时跟着打小工……"

——元王村某务工农民

	耕作型	耕作＋养殖	耕作＋商贸	耕作＋劳务	合计
北涅水村	8	3	2	10	23
倪村	10	2	4	13	29
元王村	11	3	10	16	40
合计					92

数据来源：作者调研。

而在其无外出务工原因及今后意向调查方面，除特殊情况家庭（如单亲家庭、老年家庭）以外，对外出务工给自身带来改变的期望较低是农户没有外出务工的主要原因，多数被调查者认为由于自身在学历、特殊技能等方面素质较差，无法在城市找到相对稳定职业，发展空间狭小。农户结合自身情况对外出成本做出有限理性分析之后，认为外出边际收益不大，留在家人身边反而可以彼此照顾。当笔者问及如果提供免费技能培训，是否愿意接受时，75％左右的人表示在解决家庭后顾之忧之后选择接受，但更多人希望能够在当地实现非农化转移。部分被访问者认为还需再考虑一下，其余被访者对此种假设可能性不抱任何希望。

7.2.3　农户宅基地调查结果

对此信息调查内容主要集中在以下两个方面：首先是现住宅使用年限以及住宅结构；其次是农户住宅重置的选址变更情况。见表7-6，调查结果显示，从住宅使用年限来看，老房居住率仍然很高，另外，虽然也有宅基地闲置现象，但数量较少；新房修建在各个时间段速度存在明显差异，20世纪90年代是三大村庄建房最多时期，进入新千年以来，建房速度开始放缓。从房屋选址变更情况来看，在建房高潮时期，农民出于区位、建房成本、对住宅空间追求以及避免家庭核心化引发纠纷等因素，通过土地置换的方式另行选址建房者居多。但随着村庄平坦开阔且靠近乡道可供选择地段的减少，以及家庭核心化过程基本完成，拆旧盖新即原址翻建比例开始提高。

农户宅基地使用年限情况			表 7-6
住宅年限	北涅水村	倪村	元王村
5 年以下	5	6	14
5～9 年	11	7	19
10～19 年	18	17	38
20 年以上	20	46	65

数据来源：作者调研。

7.2.4 对村庄社会变迁感知调查结果

在关于村庄变迁感知的预调研中，发现家庭类型不同对因劳动力转移引起的家庭社会变迁感知程度存在一定差异。无外出务工家庭受访者对劳动力转移引起的村庄整体变迁感知较弱，而且不够全面。因而，问卷以外出务工家庭为主要调查对象，重点关注外出务工家庭因劳动力外流对家庭生活带来的影响、宗族家庭维系以及村庄内代际之间熟悉度感知等方面，通过对问卷和访谈数据的综合分析，有以下发现：

（1）对儿童教育的影响。从问卷调查结果来看，接近 70% 左右的被调查者认为家人外出务工对孩子教育存在影响，27% 的人感觉影响不是很明显，3% 左右被访者认为没有什么影响。而认为对孩子教育存在影响的案例中，对孩子教育存在负面影响的比例占有很大比例。对孩子的负面影响主要表现为：无法督促孩子学习；长期处于单亲或隔代照顾环境中，影响孩子成长。也有被访者认为，外出务工有助于改善孩子学习环境，增加了孩子接受更好教育的机会。

"孩子他爹经常不在家，平时家里里里外外都得我一个人打点，没有时间管孩子，学成啥算啥吧……"

——元王村某留守妇女

"老年人照看的孩子明显能看出来，老年人无论是思想还是文化都比较保守落后，对孩子的教育也跟不上，有些孩子因父母不在身边，经常被别人家小孩欺负，这些人家的小孩多数胆小呆板……"

——北涅水村某管理者

（2）宗族观念趋于弱化。从有效问卷的调查结果来看，52.7％的被访者认为传统大家族观念开始淡化。结合访谈记录发现，随着农民经济意识的不断加强，农村社会商品化的不断深入，核心家庭利益指向越来越明显，因家族事务返乡参与或处理的现象极其罕见，就连以往家庭之间相互帮助"春种秋收"的现象也在发生着改变，取而代之的是花钱找劳力、相互雇佣，家族内部家庭与家庭之间开始疏远，家族内部之间尤其三代以外旁系血亲之间联系较少，传统宗族大家庭开始瓦解。

（3）代际之间陌生化。此类问题主要围绕老一代对新生代的了解情况展开，因为新生代正处于不断变化过程中，且流动性较强，而老一代的情况基本稳定。通过问卷数据分析，北涅水村的结果是96.8％被调查户主认为自己对全村80后新生代都认识，并对其家里情况有部分了解；倪村的结果是85％的被调查者认为自己对全村一半以上的新生代有一定认知；而元王村68份有效问卷中55.9％的被调查者只对周边邻居新生代了解，33.8％的被访者对全村新生代的认识达一半以上。通过进一步访谈得知，对新生代的认知与村庄规模、家庭空间距离、来往密切程度有一定关系。但整体来看，对新生代的了解还主要局限在大致年龄、家庭背景、外出情况等基本方面，对于再具体的（如外出从事的具体职业）情况并不是很清楚，而且代际之间几乎没有过多交流。

7.3 社会特征分析

本节在对已有社会特征研究视角和分析方法借鉴的基础上（冯健，王永海，2008），结合本次问卷数据调查结果，对处于欠发达地区的村庄特征做了一定总结，认为在新时期背景下，村庄社会普遍存在以下特征。

7.3.1　人口结构及社会构成特征

随着市场经济和城乡一体化政策的推进，农村地区劳动力在空间和职业之间的流动性不断加快的同时，也加快了村庄在人口结构和社会构成方面的演化。

1. 人口结构特征

（1）老龄化严重，女性比例高

从调研了解的情况来看，三大行政村的户籍人口男女比例悬殊都较大，其中的北涅水村男女比例为 1.5：1，然而随着外出务工人员的增加，村庄的常住人口结构发生很大变化，表现出一些新的特征。首先是村庄老龄化现象十分明显。这一情况可以从留守人员基本信息以及外出务工人员数据分析结果得以证实。劳务输出的队伍以青年为主，45 岁以下外出务工平均人数占到被调查外出务工样本总数的近 90％，其中 34 岁以下基本占到 50％左右，北涅水村高达 70％。而且 45 岁以上外出务工人员已经成为潜在返乡人员。55 岁以上被调查者占 34.8％的比重也验证了这一观点；其次是女性比例明显偏高。从家庭入户调查结果来看，家庭留守人员多为妻子和子女，有的家庭平时只剩一人留守。家庭留守人员中，女性比例高达 61.3％，而且多为高龄妇女。这一事实与村庄户籍男女比例悬殊，也进一步说明了农村青壮年流失的严重性。

"村里平日很少看见年轻人，一户人家只有一个人在家的家庭也不少，小孩上学最多一星期回家一次，男的出去打工……。"

——倪村某村名的访谈

（2）儿童比例下降显著

人口政策在农村严格贯彻落实，致使人口出生率得到有效控制，近年来出生率基本保持稳定，然而村庄实际上学适龄儿童人数却在不断减少，其中北涅水村和倪村尤为明显。相反，随着新生代不断外流，年老体衰者也开始出现返乡迹象，导致村庄儿童人口比重伴随着青壮年转移而下滑。

"您儿子、儿媳在外务工，孩子怎么办？"

"孙子刚出世时留老家，我们给抚养，后来要上幼儿园了，他们就把孩子接过去了，两口子都在超市打工，平日里轮流上班，要是实在忙不过来，老婆子去儿子那边帮他们照看几天……"

——北涅水村某老人的访谈

"现在村里的学校根本招不齐学生，留在村里的孩子越来越少，所以附近好多小村庄的学校早没了……"

——北涅水村某管理人员的访谈

"村里没有小学了，人家有条件的都把小孩弄到城里上学，我们只好让小孩到邻村上学，一星期回来一次，我们给拿点伙食……"

——倪村某妇女的访谈

出现村庄幼年人口下降原因包括以下几个方面：首先，80后绝大多数都有在外务工经历，无论是思想还是认知都深受城市文明影响，他们希望能尽力给孩子最好的教育环境，不希望让孩子输在起跑线，而且他们的另一半绝大多数都是在打工期间相识、相爱，并组建家庭，即使日子拮据也希望一家人能生活在一起；其次随着教育体制改革，私立学校的兴起、封闭式管理等为农村有条件家庭子女进城求学提供了条件，富裕一些的家庭选择把孩子送进城镇接受更好的教育。再者，随着国家对关于流动儿童教育和卫生一系列保障性政策和相关法律的出台❶，流动儿童可以享受到流入地儿童相同的待遇，进而加快了农村儿童外流的速度。另外，小村庄学校的撤并，加剧了像北涅水、倪村儿童外出借读的机率。

---

❶ 2003 年，国务院办公厅转发了教育部等 6 部委《关于进一步做好进城务工就业农民子女义务教育工作的意见》；2006 年全国人大常委会通过的《义务教育法》（修订）和新版《未成年人保护法》中，以法律形式确定了义务教育由儿童居住地政府提供条件，并且不再收费。

2. 社会构成特征

各项改革的稳步推进，也使得村庄的社会构成呈现新的特征。单纯从事农业耕作的农户越来越少，绝大多数选择兼业，这不仅仅导致村庄社会构成趋于复杂化，也使得居民的身份趋于多元化。

"光靠种地么法子过日子，一亩地下来挣不下几个钱，别的也不会做，就买了个农用车赶集……"

那您从事这个职业多久了？

"应该有7～8年了吧！"

——元王村某农户的访谈

"俺们村有两个小工程队，每个队差不多7～8个人，不远去，就在咱这一片揽活儿，也好多年了……"

——北涅水村某管理人员的访谈

"村里干啥的都有，开车伺候人的，跑三轮车拉货的，不过上小工的还是多一点……"

——倪村某农户家的访谈

数据分析显示，单一收入结构家庭比例在缩小，只靠耕作收入生活的农户几乎都为老年型家庭。随着年轻劳动力被不断解放出来，兼职行为已经成为农户家庭普遍现象，而所兼职业类型、以及个人所掌握的职业技能等方面的差异开始对农村社会阶层产生影响，同时推动了居民身份的多元化。例如在外务工多年的农民因能找到更多就业机会，成为带领同乡一起务工的领头人；从事传统商贸生意的演变成了个体经营者。虽然居民身份会因自身资金、技能提升、职业更换等情况发生转变，而且不同身份居民所占比重也会发展变化，但基本呈现以农民工为主特征、个体劳动者、个体经营者、管理者等多元素共存的稳定结构。

7.3.2 社会关系特征

村庄作为农村社会生产生活较为稳定的集聚区，在长期经济不发达的条件下形成了以宗族联系为主的社会网络。随着城市化步伐的加快，大宗族家庭的核心化、小型化，传统的以家族关系维持的社会联系开始受到来自生产中因利益结成的伙伴关系的影响。

1. 整体社会联系特征

虽然村庄仍然是农业生产的重要基地，但随着非农化步伐加快，非农生产关系逐渐成为农村社会网络中的重要特征。特别是随着外出务工盛行的背景下，为了能够扩展自己的赚钱渠道，获得更多有价值的信息，务工带领者与跟从者、业务相近者容易很快建立起自己的社会联系，并逐步从经济联系向生活联系方面拓展。随着新的社会要素出现，传统的血缘联系开始弱化，外在的交往形式更多地体现在"人情"方面的感情维系。但需要说明的是，后者具有很强的利益指向性，相对于血缘联系而言，其稳定性较低。

"村里有个包工头，没事会到他家坐坐，看看有什么活儿可以做……"

——对北涅水村某村民的访问

此外，从对村庄代际之间了解的情况来看，由于村庄人口外出务工、求学等原因，导致村庄上一代人对本村下一代人的了解程度存在很大差异，本家族内或邻居之间了解的会多一些，但整体来看，代际之间的联系在减弱。

2. 新生代社会网络特征

新生代（80后）的社会交往活动除了来自家庭和本村邻里关系以外，还表现出与村外同龄人也具有很强的联系。其原因主要为，新生代正赶上我国义务教育法实施，基本上都接受了九年义务教育，但村庄内一般只设有小学，而且很多村庄由于教育资源不足，只有三年级以下的年级，三年级以上的要去乡镇或附近村庄借读，且每个乡镇只设有一所中学。同学关系自然成为新生代社会网络中不可或缺的一部分。另外，多数青少年在读完初中就外出务工，且同学结伴外出务工时有发生。因此，相对于父辈，新生代的社会网络还表现出很强的跨村庄社区空间性。

7.3.3 社会空间结构特征

在改革开放初期，村庄作为相对封闭、均质的单元，居民基本以大家庭的方式聚居，社会阶层不甚明显。但随着劳动力不断向外以及非农部门的转移，村庄内部开始出现贫富差异，社会阶层开始出现分化分层，进而导致社会空间结构的变化。具体特征包括：

（1）居住区基本围绕乡村路网扩展或平整地段重新集聚。北涅水村地势较为平坦，房屋重建比率高，大多数农户居住区围绕村庄内部路网分布，从事传统服务业（如小商店）的家庭分布于村庄内部主干道旁，极少数农户散落在离集聚区中心较远，地势起伏较大、交通不便的村庄角落位置。就居住区空间结构来看，基本形成了以平坦地段为中心的单核集聚状。倪村和元王村由于自然条件限制，在空间结构上没有北涅水村紧凑，但也呈现出沿村内交通路网集聚的趋势。

（2）基础服务功能萎缩。从案例地调研情况来看，中小型村庄目前功能表现为居住为主。在劳动力快速转移尤其是青壮年大量流失的背景下，村庄对集体共同利益领域的关注和投入力度不断下降，一些基本的服务设施，如小学已经废弃或者缺失。北涅水村将原位于村庄中心的小学改建为村支委会。但因缺乏水、路灯等基础设施，基本处于闲置状态。在倪村也存在类似情况。

（3）社会阶层空间分布特征。劳动力转移的一个直接结果就是促进了农民的直接增收，社会阶层的分化。进而在空间上开始出现一些新的特征。富裕阶层开始重新建房，或在原住地旁边（庭院的东西侧）或在村庄外围选址，虽然在空间上并没有绝对清晰的界限，但总体而言，富裕阶层大多会将房屋建在相对平整，且区位较好的外围地区；而在主干家庭核心化的过程中，从旧址迁到新住宅的农户，除夫妻外出务工需要老人帮其看家护院，照顾小孩之外，多数老人会生活在旧的住宅内，成为村庄内生活最为困难的阶层。此外，在调研中发现不少农户在拥有新住宅之后，会将老的宅基地租给或出卖给了那些在家庭核心化过程中，急需并且希望单立门户的家庭，而选择购置旧住宅的多为负担不起购置新房费用的农户，他们与周边旧住宅户共同构成了村庄的贫困阶层。因此在空间上表现为老宅基地集中地多为贫困阶层集聚区域。

7.4 村庄社会变迁机制分析

7.4.1 影响因素分析

在欠发达地区村庄社会变迁的复杂过程中，分别受到来自村庄外部的宏观因素和村庄内部自身因素共同影响。

（1）政策与管理因素

城乡管理体制改革、各项惠农政策和促进劳动力转移政策等的相互叠加，以及农村土地管理制度不健全共同构成了村庄社会变迁的制度基础。首先，近年来各地级以上城市为加快城市建设和城市化发展，积极推行户籍管理制度改革，大大减少了农村剩余劳动力的转移阻力。如许多欠发达地区的城市对流动人口管理趋于温和化，对满足有固定住所、稳定收入等条件的可以落户，加剧了农村高素质劳动力（精英阶层）的流失。而国家对进城务工的农民工子女教育和卫生一系列保障性政策和相关法律的出台，更是加快了农民工市民化步伐，对农村新生代农民工形成了巨大吸引力。

其次，党的十六大以来，国家致力于统筹城乡发展，坚持"多予、少取、放活"的方针，不断增加农资综合直补力度，希望通过引导、扶持，切实加强农业综合生产能力建设。但就调研地区而言，每亩地 40 元直补力度并没有改善农户对耕地投入热情和经营状态。对于农机购买财政补贴、支农贷款等相关制度还不够健全，补偿机制过于繁琐，补贴对象标准不够明确、附加条件过多，许多"赋有创业致富"想法的农民很难切实享受到相应待遇，不仅制约了农业机械化、集约化生产程度的提高，影响农村经济向非农化和多元化发展，还使得村庄"精英"阶层积极性受到抑制、不利于农村生产力的提高。

此外，县级政府层面将劳动力转移作为"三农"工作的重心来抓，积极出台开展劳动力促转的"阳光工程"实施方案。把劳务输出作为农民现金收入的主要来源，高度重视农村劳动力向非农产业和领域转移，劳务经济已经成为当地农民增收的重要载体、促进农村富裕的主要渠道。但政府培训隐含的用工条件要求（如年龄）也加剧了农村社会向老龄化社会转变。

（2）社会文化因素

随着城市化的持续推进，农村人口非农化转移的规模和速度明显加快。对于经济欠发达区域而言，劳动力是广大农村家庭最普遍、基本上唯一可以商品化的生产要素。外出务工和从事简单和低层次的非农产业，基本成为传统。尤其对于外出务工，更是成为农村家庭改善自身生存环境、立志显能的普遍意识观念。新生代受到城市化拉力和浓郁氛围影响以及向往城市生活的推力的综合作用，加大了在城乡之间的流动。

（3）经济因素

计划经济时期，由于我国严格执行城乡二元经济结构以及工农业商品剪刀差的长期存在，导致广大农村经济发展缓慢。市场经济改革以来，在城市化方针不断调整和工业化发展战略的持续推进下，城市体系得到了迅速发展，作为工业发展重要载体——城市逐渐成为推动我国经济快速发展的综合实体。农村经济在经历了家庭联产承包责任制改革以后，虽然得到了较快发展。但农业作为传统行业，其产品转为商品还没有充分发育，与高附加值的工业产品相比，更加突显出农业的弱质性。

而且欠发达地区在没有特殊的政策扶持和资源禀赋的情况下，很难像沿海地区村镇那样通过发展民营化企业或者招商引资来实现农村经济的多元化和现代化。研究区域单一的农业生产结构进一步导致欠发达地区城乡收入差距不断扩大。随着市场经济体制改革的不断深入，生产要素在城乡之间自由流动的成本也逐渐降低，工农收入的差距吸引着农村大量的人力资本源源不断向城市集聚。

（4）自然、区位因素

农村地域演进的方向不仅受到来自村庄外部环境的影响，同时也受到农村自我发展能力的制约。而影响农村自我发展能力的一个重要因素就是农村地区自身的资源禀赋条件（张富刚、刘彦随，2008）。调研区域属于内陆欠发达地区，除交通等基础设施条件无法和沿海地区同日而语之外，也没有像沿海地区接受辐射带动的较为完善的城市体系背景，城乡之间仍然保持着传统的二元结构。此外，影响村庄社会变迁的另一自然因素就是资源的匮乏。就研究区域而言，不仅生态较为脆弱，而且土地、水资源也相对不足。虽然部分地区农作物可以采用二年三熟制，但因气候和地形原因，无法对农作物进行很好的灌溉，农业收成还主要是"靠天吃饭"。农业收入的不稳定性也加速了农村劳动力的非农化转移。

7.4.2　村庄社会变迁机制探析

欠发达地区村庄社会发展是自然区位、经济、社会、政策等众多因素综合作用的结果，因而表现出的演化阶段和区域的差异性也较为明显。就村庄变迁的动力机制而言，本章认为欠发达地区村庄社会变迁是在一系列城乡政策方针调整变化的背景下，农民求富意愿的增强与欠发达地区农村自我发展能力不足产生的离心力和村庄外部城市化吸引力不断增强双重驱动引起的社会异构，并且随着新供给体系长期缺位进而导致的特定时期内村庄社会衰退的过程。具体表现如下。

（1）求富意愿增强

求富意愿的增强主要受到农户生活观念转变、追求利益最大化、收入差距刺激等的影响。首先，随着城乡信息流和物流渠道的多元化，农民对现代城市高品质生活感知逐渐增强并且充满向往。商品社会的快速发展，生活水平的整体提高，农户必需的开支被迫增加，不断刺激着农民的生存观念。"老婆孩子热炕头"的安逸生活观在市场经济的大潮中开始迅速消退；其次，以家庭联产承包责任制为主的农村经济改革，使农民成为了独立的生产者和经营者，在利益最大化的趋势之下纷纷另辟家庭收入新来源。例如，时下普遍存在的农民外出务工等向其他行业转移的兼业行为。另外，是收入差距的刺激。不仅仅表现为农民家庭对城乡收入差距、行业收入差距的感知，更为直接和有效的是，随着村庄内部敢为人先的转移者富裕起来之后，村庄开始出现了相对性的经济阶层分化，极大地刺激了后转移者的追逐欲望。

（2）自我发展内生动力不足

村庄自我发展能力的高低是影响村庄演进方向以及衡量村庄自我问题解决水平的最根本要素之一。而自我发展能力的高低主要取决于村域的资源禀赋状况、产业基础以及村庄组织资源和管理水平等。

资源匮乏。土地和劳动力作为农村最主要的也是最基本的资源禀赋，是影响村庄发展的根本所在。在工业化发育不足的区域背景下，村庄人均耕地的绝对占有量成为影响村庄劳动力转移程度以及社会阶层分化程度的重要元素。耕地资源富裕的村庄（如北涅水村），农业收益较好，外出务工者或者非农产业从事者的绝对比例较低，且以缺乏独立从事农业生产能力的新生代转移类型为主。而耕地资源不足的村庄，非农化程度较高，阶层梯度明显。

产业薄弱。从乡村区域层面来讲，研究地区受区位等影响，第二、第三产业发育严重滞后。2009年沁县工业总产值约为

1.5亿元，支柱产业没有形成，劳动密集型产业较为缺乏。农业经济仍占有很大比重。乡镇企业处于自发状态，产业分散且多以传统低端产业为主。在各项惠农、支农的政策鼓励和支持下，村庄部分劳动力从传统的种植业中解放出来，积极投身于养殖业和当地的非农产业中。但因技术、资金、市场等因素，非农产业规模不大，所占经济结构份额较小，而且多以散户、家庭作坊式为主。薄弱的经济基础无法为更多劳动力提供就业机会。因此劳务输出成为该区域多数农民解决现金收入的主要途径。

组织资源流失，管理乏力。乡村组织资源包括村庄的物质资源和人才资源等。随着农村经济体制改革，集体经济成分逐渐萎缩。属于村集体所有的固定资产（集体林地、房）在产权不清晰、监督力度不够的环境中慢慢流失殆尽；其次，村庄管理者通过村庄民主选举产生，靠人缘关系在竞争中取胜，由此产生的管理阶层在处理村庄问题上缺乏应有的果断和效率。另外，农村经济体制改革后，家庭成为新的利益核心体，村庄青壮年和精英纷纷外出务工，很少参与村庄管理事务。造成管理阶层后续资源的严重流失。

（3）外部城市化驱动

进入21世纪以来，随着欠发达地区城市对于外来务工人员限制政策趋于温和化，以及中小城市的快速发展和扩张，孕育出的广阔就业市场，极大的吸引着农村劳动力向城市转移。尤其是青壮年（除考入高等学校）基本全部涌入城市。需要提出的是，目前城市化对欠发达地区村庄是一种非正向（即正向＜负向）的影响。农民进城从事的职业多数多是城市居民不愿从事的职业，这为外出务工人员留在流入地创造了条件，但由于外来人员面临着比城市居民更大的生活成本，而且收入不高，很难定居在城市实现身份转变。随着年龄增长，多数人势必选择返乡生活。城市源源不断地从农村吸取人力资本，对农村经济社会发展也起到一定的限制。

此外，欠发达地区村庄自身发展动力不足，城市化的外部牵引作用开始放大，渐渐成为影响和加快村庄社会演变的主要元素。也有特殊情况，如资源（煤炭）丰富的地区，矿厂因建设、开采等招聘临时工，吸引附近村庄大量青壮年劳动力就业。

（4）新供给体系缺位

改革开放以后，农村家庭联产承包责任制的实施，不仅实现了农民对土地的占有和使用权，更重要的是获得了自身劳动的支配权。大大促进了生产力的解放和生产效率的提高。但随着村庄作为集体经济主体在社会结构中不复存在，村庄的财力汲取以及通过集体单位向农村社会提供有效供给的机制被打破。乡村社会因精英组织缺失，无人为社会资源提供社会保障，致使原来事关农民利益的公共产品，如社会治安、公共设施、社会福利等无人问津（Tsai，2002）。近些年来，国家实施积极的惠农政策，对于改善农村公共设施和社会福利无疑是一个积极举措，但从目前政府投入力度和村庄参与的情况来看，并没有太大起色。

首先，社会保障缺失。在政府相关政策的鼓励和支持下，绝大多数农户以人力资本的方式进入市场，受到市场门槛限制，进入者多为农户家庭中的主要劳动力，在村庄集体供给能力基本丧失，国家提供保障供给有限的前提下，村庄医疗和养老基本依靠家庭，几乎所有费用都要由农民自己支付，高额的治病费用加剧了农村家庭的贫困程度。而且土地作为农民唯一的生存保障也在面临着土地制度改革的考验。

其次，公共服务缺位。在人民公社集体经营时期，政府会根据实际情况给予各个集体单位划拨一定经费或者公粮留层，用于建设和维护农村社区的公共服务设施。例如学校的修建以及教师工资补贴部分的发放。包干到户之后，家庭成为了最大的利益主体，村庄作为基层自治单元，其提供公共服务的能力随着集体经济衰退萎缩而不断下降，同时新一代农民对于社会认同感减弱，参与公共事业的积极性也大大降低，纷纷外出创业。使得村庄处于即没有政府提供足够供给，又没有组织建立起自我供给机制的"真空"中。图 7-5 为村庄社会变迁机制。

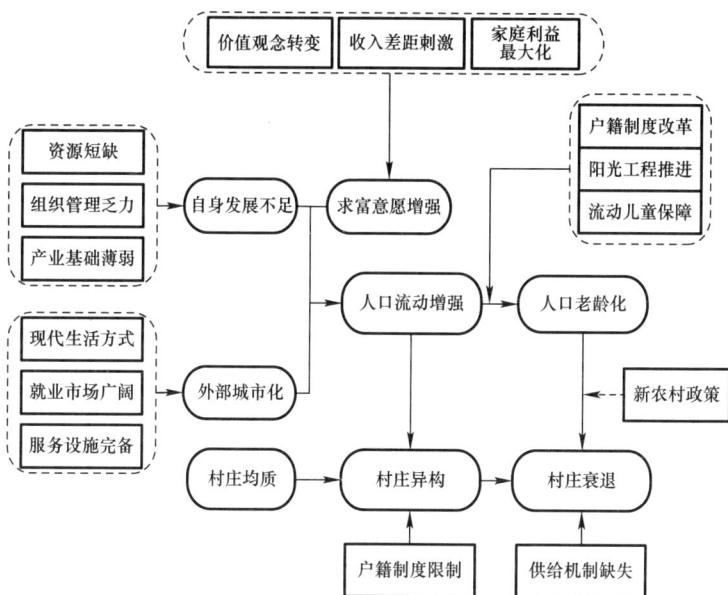

图 7-5　村庄社会变迁机制

7.5　村庄社会变迁的效应

理论上讲，劳动力转移会促进农村经济结构调整，产品结构多元化、实现农民增收以及加快农村城市化步伐等，但农户独大的社会结构、村集体经济基础薄弱的现实以及农户在缺乏保护下进入市场，对欠发达地区远郊村庄的产业经济以及人口构成变化引发的社会问题被深刻暴露出来。

7.5.1　对村庄经济发展影响

毋庸置疑，劳动力转移对于促进农民增收具有积极的意义。

首先，从调研的数据和资料来看，劳务经济已经成为村庄经济重要一元。农民收入方式开始多元化。村庄多数家庭的收入方式为农业经营与当地非农经营或者劳务输出（外出打工）中任意一种组合而成。其次，劳动力转移促进了农村土地流转和生产方式转变。随着新生代劳动力空间转移的增加，不少农户家中因比较收益等出现从事农业生产劳动力不足现象，选择将部分土地委托亲戚耕作，或者选择租赁给非亲友农户现象开始出现。除外部资金投入发展经济作物以外，由于政府对耕地实施粮食直补政策的存在，种植非经济作物为主的村庄，耕地租赁现象较为少见。但值得一提的是，这种土地民间自然流转，也说明随着劳动力转移，土地使用权也开始作为商品进入市场，同时为村庄实现农业规模化经营创造了先例。但目前而言，村庄经济也表现出一些其他的普遍性特征。

1. 农业副业化

从生产要素投入情况分析，调研区域在实现家庭联产承包责任制之后，农民自主性得到加强，出于家庭利益最大化考虑，家庭成员中主要劳动力（精英）不断转移到收益更为高效的非农部门，农业从事者多为留守妇女或者老人。因历史原因、家庭分工等因素，对农业生产经验缺乏或者无独立从事农业生产活动的新生代农民很少参与农业生产活动。例如在调研中发现，由于新生代外出人员出于从事的职业性质、以及返乡秋收成本等考虑，为避免抛荒，在家雇人从事农业生产；其次，农业生产整体水平粗放。由于当地农业气候特征、农业生产条件以及农业弱质性特点等，把主要精力放在农户所拥有的资源禀赋——土地上，不仅所需边际成本将会大幅增加，而且农业生产经营的收入预期较低。相比较而言，将人力资本和现有资金转移到非农产业不仅风险较小而且收益较高。

虽然近年来农产品价格不断上涨、国家对农业补助力度持续增加，但通过此举促进农村公共事业发展、引起农户对土地经营方式改变的作用都极小甚微。而农户出于对利益整体最大化和从土地获得福利的追求，农业副业化趋势并没有任何实质性转变。

2. 集体经济经营能力消退

此外，随着劳动力流失，集体经济经营能力基本消亡，部分村庄虽然拥有部分发展集体经济的要素，但没有建立起相应的集体经营机制，最终结果是导致为集体经济的萎缩。例如元王村有着富含锶重碳酸钙镁型优质天然矿泉水，无论质量还是储量都超过崂山，但良好的资源优势却没有引起当地重视进而转为集体经济优势。

7.5.2 对村庄社会发展影响

劳动力转移对村庄社会影响同样呈现出多样性特征。不仅仅表现为村庄农户的思想观念的更新、社区人口结构转变、常住人口性别比例失衡，还表现为养老、教育问题突出、组织资源后备不足等。

1. 养老问题

随着劳动力快速向城镇转移，农村老龄化问题愈加严重。调研结果数据显示，虽然国家为农村没有劳动能力或者无子女的极其困难老人提供了最低生活和五保，但大多数家庭在子女成家分户之后，老人主要依靠自身来维持生计（图 7-6），而且随着对老人收入来源进一步调查发现，其经济收入几乎全部来自农业种植。子女成家立业面临的生活压力很大，很少有家庭可以让老人安享晚年。因此，农户一般采用耕地资源多数归老人拥有，不对土地再进行内部平均划分的方式来维持老人生活。在没有过多的开销情况下，可以维持日常开支平衡。一旦出现病残事件，将会对老人生活带来极大困难。在出现年事已高丧失劳动能力的时候，村庄内普遍方式是子女间轮流抚养（一般为儿子之间）。部分家庭，因为老人还可以自理，选择夫妻外出打工，老人留守看家照顾小孩，导致老人的生活依旧处于繁忙状态。

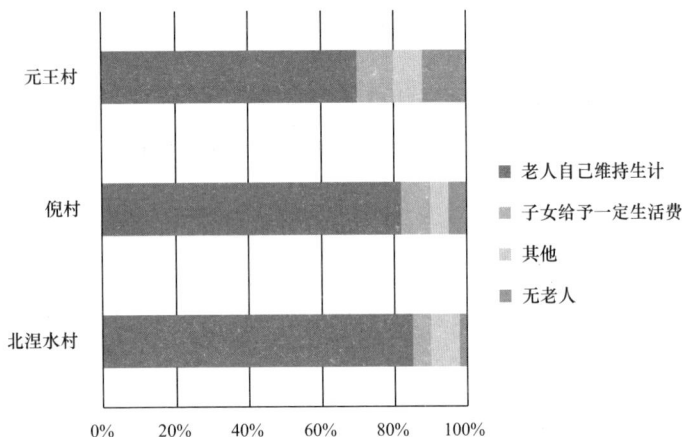

图 7-6　农户家庭养老情况

数据来源：作者调研。

2. 教育问题

随着青壮年劳动力过度流失，村庄适龄儿童人口开始下降，规模较大的村庄学校因生源较为充足得以保留，但周围小村庄学校由于生源不足渐渐开始撤销合并。虽然绝大多数村庄在普九的压力下建有小学，但配备师资的成本门槛，迫使小村庄学校纷纷停用。这样造成很多小村庄贫困家庭孩子被迫脱离家庭，提前过上寄校生活。也使得小村庄宽敞明亮的教学设施成为了摆设，造成集体资源的浪费。另外，也有家庭因父母外出务工，把孩子留给老人看护或是单亲照顾，从某种意义上讲，只是对孩子尽到了抚养义务，更加没有时间过问孩子学习情况，孩子无法享受正常家庭教育。

3. 社区认同感消失、组织资源不足

村庄劳动力转移不仅仅造成农村劳动力资源的匮乏，更为深刻的是，使得外出人员对社区的认同感开始淡化、消失。在村庄留守人员看来，外出者长期在外很少过问村庄的事务，虽然在实际身份仍为村庄社员，但情感上已经把外出者当成某种

意义上的"局外人"。外出者也因长年在外奔波，和村庄社会之间来往几乎没有，回家停留时间又很短暂，和村里绝大多数人开始慢慢疏远。而且外出务工者，大多数是敢想敢拼的年轻人，可谓村庄的精英，这部分人员的外出，造成了村庄自治组织资源大量流失，进而造成村庄内的管理阶层大多长期由上一代老社员构成，无法补充"新鲜血液"。这样的管理阶层不利于村庄内各个群体的团结，缺乏对部分群体的凝聚。而且思想守旧，缺乏足够的能力和相应素质为新农村建设做出更大贡献。

7.6　加快村庄建设的对策

7.6.1　村庄复兴应遵循的原则

面对村庄大量、长期存在的农村贫困问题，是我国进一步改革必须面对的一个重要问题。随着国家对"三农"问题重视程度的不断加深，欠发达地区为了促进农民增收，积极发展劳务经济。但在实现城市化进程稳步推进的同时，却出现了诸如劳动力转移导致的农村教育、养老方面贫困化等一系列问题，以及由此引发的村庄衰退现象。村庄作为社区经济共同体，既是经济生产的单元、也应是社区供给为主体之一。要加快新农村建设，就应做到以下几点：

（1）政府主导原则。政府要为新农村建设创造良好制度环境，通过完善有关扶持政策和制度改革，特别在资金信贷、规划建设、管理体制等方面给予关注和倾斜。积极促进农村集体经济发育和产业结构的调整。

（2）农民主体原则。发挥村民自治组织作用，强化自我管理、自我服务功能，建立自身公共产品供给机制，完善农村社会保障体系。

（3）实现城市化与新农村建设良性互动。有序的城市化发展是新农村建设的有效途径，而农村经济振兴以及社会进步则是城市化健康发展的重要保障。

7.6.2 村庄振兴的对策

如何实现村庄振兴发展，既是城乡统筹发展、构建和谐社会的具体表现，也是建设社会主义新农村的根本所在。本章认为应从政策、资金、技术等方面加大对农村产业、集体经济和公共供给机制建设扶持，努力将劳动力就地转移保持在一个合理的比重，才是保障健康城市化发展、实现农村持续繁荣的有效途径。

1. 扶持农产品乡镇企业

相比较而言，鼓励和扶持乡镇企业发展农产品加工业以及与之相配套的农产品运销业，既是当地农村比较优势所在，也是加快新农村现代化建设形势所需。当地政府可通过制定和完善支持农产品加工业发展的政策，确定优先扶持行业和产品目录，积极引导当地资金或者社区闲余资金向农产品加工等行业集中。或者通过吸引区域内知名企业在当地投资建设分厂，如充分利用当地高粱生产基地优势，吸引汾酒集团在当地投建分厂，促进当地酿酒产业发展。鼓励乡镇企业与农户结成利益共同体，构建企业建基地、基地连中介、中介带农户的格局。除此之外，积极协调银行对农产品加工业信贷支持力度。

2. 调整农村产业结构

村庄衰退主要原因之一就是村庄产业结构单一。欠发达地区村庄由于在历史因素以及资金、技术等方面的欠缺，没有形成乡镇企业规模化。使得绝大多数地区仍然处于以耕作为主要形式的生产方式。积极制定资金和技术等方面的保障性政策，加大引导力度，通过信贷和技术培训、技术指导等形式帮助农民开展农作物精耕细作、农产品粗加工等农业活动，鼓励农民开展家庭养殖业，在资金不足的情况下，通过政策引导，促进规模化发展，尽力形成"一村一品"格局。同时，积极吸引外出务工者回乡创业，积极发展农村非农产业，尤其鼓励和支持劳动密集型产业和农村服务业的发展，为当地农民提供容量大、门槛低、易接受的就业岗位和机会，正确引导村庄产业向多元化方向发展，不断拓展农民家庭收入来源渠道，从而实现农民就地转移和寻求自身复兴之路。

3. 培育农村集体经济

发展壮大集体经济在农村经济组成中的成分，即是完善农村双层经营体制的重要课题，也是减轻农民负担、强化村级集体经济组织功能的有效途径。村庄管理阶层作为基础组织，应积极发挥自身的主观能动性，不断拓展发展思路，立足已有的资源优势，通过集资或者招商的形式加快对集体资源的开发，以各种有效方式引进先进的生产技术和管理模式，不断壮大村集体经济。同时，积极争取上级政府对村级集体经济的发展力度，结合实际适度发展大型养殖或农产品加工产业，并制定集体财产管理办法，减少集体积累流失。总之，发展集体经济即有利于农村经济结构调整，推进新农村建设，也有助于村庄服务功能的提升。

4. 建立土地流转制度

20世纪90年代末，村庄实行家庭联产承包责任制，土地承包使用权50年不变。随着城市化和农业机械化发展，越来越多的农民从土地中解脱出来转移到非农产业中。出于家庭利益最大化考虑，少数农户选择将土地交与亲友耕种或者将其使用权出租，而成员集体转入高收入部门。但现象较少且为口头协议，在土地使用上并没有明确规定租种时间，因此无论土地原始承包者还是租种者，并不会对土地进行大量投入；而且大多数农户认为虽然家庭收入中来自土地收入比例较低，但外出务工收入也不够稳定，故而不愿放弃属于自己的这部分利益。因此，在当前经济社会转型时期，应积极探索土地使用权流转机制，不断规范农村土地使用权流转市场，构建农村完善的土地流转网络体系，并不断健全土地收益分配制度，鼓励农民转让、出租。为政府加强对农村土地市场的管理提供科学基础。通过规范土地流转市场，进而加快农村土地集约化生产，解放出更多劳动力进行非农化生产，进而提高农村整体劳动效率。

同时加快农村宅基地流转机制建设，明确农民对宅基地的使用权和收益等权利，允许宅基地在城乡之间自由流动。减免一户多宅现象的发生，改善农村空心化问题。

5. 完善农村社保制度

逐步建立起新型的农村社会养老保险制度，代替原始的土地保障制度与单一的家庭保障传统。考虑到欠发达地区经济社会发展实情，国家推行的"新农保"政策不可能立即实行，但可先建立与农民实际需要相适应的多层次的社会保障制度，如将所有农民纳入养老保险范围，特别是流动性较强的农民，积极探索便携、可行性强的社会保障模式。同时，结合土地流转制度，有序引导农村工业化和城市化发展，积极引导乡镇企业参与农村现代化建设，支持乡镇企业发展农村公共事业，改善农民的教育文化、医疗卫生、体育保健等生活条件。

6. 建立村级自身供给机制

近年来，国家对农村公共产品的供给逐年增加。尤其是开展新农村建设以来，中央对农村公共产品的投入力度大幅提高。如普九、乡村合作医疗等。但在地方政府财力有限的经济欠发达地区，纯自上而下的国家供给体制并不能给当地农村居民提供更为具体、有效的公共产品。而乡村青壮年流失又导致农村精英阶层势力减弱，引起农村公共产品供给组织资源缺失。因此，积极构建农村自身公共产品供给体系意义重大。

（1）优化乡村组织资源

农村精英一般拥有较高的人力资本禀赋和社会资本，具有较强的资源调动和整合能力。如果积极将其吸纳到组织资源内，不仅可以增强农民对于社区的认同感和农村社区的凝聚力，而且可以因其更加了解社区居民偏好，提供更高水准的公共产品，从而提高公共产品供给效率。因此，村、镇一级政府应该积极为农村精英成长创造条件，让新生代可以有更多机会以组织者和协调者的身份参与到农村的公共事务中来。

（2）促进供给主体多元化与重构

因为不同区域内对公共产品供给的类型和层次存在需求差异。针对研究区域所需公共产品层次特性，笔者认为应该积极培养乡村社区、私人部门、非盈利组织等供给新团体，通过引进市场手段和民间力量来提高公共产品的供给效率。目前主要从以下几方面着手：

（1）加快非盈利组织供给主体的发展。非营利组织是公民自愿组成的不以营利为目的的民间协会、团体等。非盈利组织不仅在政策宣传、政策实施、矛盾疏导、表达民意等方面具有特殊作用外（曾金盾，2009），而且在向社会提供公共产品和公共服务方面灵活、高效。还能提供政府和市场都无法有效提供的公共产品，对多样、快速变化的社会需求做出及时快速的反应，从而为需求特殊的人群提供特别的公共产品，满足人们多样化的需求。

（2）提高私人组织参与力度。农村公共产品需求量之广、类型之多、差异之大，政府供给和非盈利组织两大主体仍无法满足农村民众对公共产品质量和效率等方面的需求。为此，政府应该积极吸引社会资本投入到公共产品供给中来，按照"谁投资、谁受益"的原则进行经营管理。在公共产品产权清晰的前提下，基层政府可以引进市场机制，通过招标方式严格筛选公共产品供给投标企业，并加强对私人组织提供的公共产品进行监督，确保供给产品或服务的质量。

（3）促进集体供给体制的形成。目前，研究区域内普遍存在集体经济发育不足现象，若要提供社区公共产品，供给成本一般都转移到农户头上，因公共产品外部性特征，居民多互相推诿，致使农村公共产品供给多半"流产"。为此，必须积极培育社区集体经济，农村可以将"机动地"——集体财产、社区池塘等作为集体公共资源，通过转包或自集资方式发展集体经济。并成立社区公共产品供给基金，确保社区内社会保障性公共产品的供给。

总而言之，积极探索适合欠发达地区农村公共产品供给的多中心机制和互补机制，不仅是改善民生，提高农民生活质量的需要，同时也是加快新农村建设，破解"三农"问题的关键之一。

第8章 结 论

本书通过对 4 个案例地乡村转型发展的分析，回答了绪论中提出的 4 个研究问题。在对半城市化地区乡村，城中村，欠发达地区乡村提出了推动乡村转型发展的思考和启示。本书视角新颖，具有深刻的现实意义。当然，本书存在一定的不足之处，因此在本章的最后一节，将提出未来的研究方向，并对今后的研究进行思考。

8.1 主要研究结论

中国乡村转型是城镇化研究的重要内容之一，近年来也逐渐成为学术界关注的焦点。目前，随着我国城镇化率突破 50％，我国乡村正处于转型的关键期，然而我国乡村转型的理论研究较为缺乏。本书基于我国正处于快速城镇化阶段的现状，运用实证研究的方法，从空间变迁、社会变迁、居民感受等多方面，系统地分析了第 1 章中提出的 4 个具体问题，即乡村出现了哪些变迁，这些新变化、新特征在不同地区会有什么区别；半城市化地区乡村的现状和发展历程如何，空间和社会发生了哪些变迁；城中村的现状和发展历程如何，空间和社会发生了哪些变迁；以增收为目标的劳动力转移让流出地和流入地村庄产生哪些新变化、新特征。研究主要结论如下。

8.1.1 农村发生剧烈的乡村变迁，且地区差异较大

我国农村地域广袤，空间差异明显，加之地理位置和区位的不同，我国地区发展不平衡，所以各地乡村变迁区别较大，尤其是东中西部的乡村，差别更为明显。例如在本书的研究中，

扬州、姜堰和泉州都是东部地区，经济基础较好，乡村转型发展更为容易，而长治位于山西省，属于中部地区，经济基础较差，乡村建设较为落后，而且劳动力外流十分严重，乡村不仅难发展，反而出现衰退的状况。由此可见，东中西部由于区位和经济差异，出现乡村变迁的巨大不同。

另外，即使在东部地区，各地农村发展也不尽相同。在更小的区域内，乡村由于距中心城区距离不同，也存在很大的差异。经过在扬州、姜堰和泉州的实地调查，笔者发现距离中心城区近的乡村在城镇化的过程中，更容易受到中心城区溢出效应的辐射，转型发展也更为容易。反之，距离远的则发展困难，甚至出现乡村衰退现象。

基于上述研究结论的基础上，本书发现在乡村转型方面有重要的政策启示。各地不能采用"一刀切"的政策，应该因地制宜，而且在一个地区，也应该按照各区域城镇化的差异，划分不同地域类型，制定相应的政策。

8.1.2 半城市化地区乡村出现城镇化和市民化的趋势

半城市化地区人口城乡流动规模大，其动因主要包括就业、就学和探亲三个方面。从人口流动的角度来看，研究也发现了半城市地区城镇化的特征主要有：市民化程度较高，并且随着代际更替逐步提高；人口城乡流动的空间差异造成城镇化的空间差异大；人口城乡流动造成人口流出地出现乡村"空心化"现象。

推动农业转移人口市民化。农村劳动力在城乡间流动是长期现象，而"两栖人口"的长期存在，在经济上会限制产业升级，在社会上会加深社会矛盾（叶裕民，2010）。因此，我们应根据当地市民化程度高的特征，进一步推动农民集中到镇区和有经济实力且规模较大的村，一方面要加强镇区和中心村的基础设施建设，另一方面要控制农村建房。同时，为了释放城镇化潜力，加快半城市化地区乡村城镇化的速度，必须要尽快疏通农民的农村社会福利转化为城市社会福利的渠道，例如，进一步推广土地流转和家庭农场的工作，并对农民集体土地进行"确权"。

8.1.3 城中村治理形势严峻，改造难度大

从居住群体的社会经济特征来看，在就地城镇化地区的城中村与珠三角等地区的城中村基本相似；但从社会空间来看，则存在着外来人口比例相对较低、以家庭为主体的移民群体正成为主导、移民群体长期租住趋势明显等重要差异。通过进一步分析发现，就地城镇化模式下的发展动力变迁、区域产业发展特征以及相对完善的配套设施是这些差异形成的主要因素。

研究还发现，城中村改造对就地城镇化地区快速发展具有重要的社会意义。同时，其本身也存在一些亟需解决的问题。土地利用无序、空间职能混杂、居住空间空置闲置较多以及治理过程中的利益冲突等问题降低了城中村的生活品质，浪费了大量的资源，阻碍了城中村改造的实施。正视村庄的问题，并进行细致和深入的研究，将有助于城中村治理改造，推动原住村民"市民化"和流动人口的"本地化"，从而有效地推动就地城镇化地区的健康发展。

泉州城中村发展的经验教训也为其他城市周边乡村转型发展提供了重要的借鉴和启迪。由于城中村改造涉及当地居民的切身利益，只有改造方案被广大居民所接受，改造进程才能得到更好地推动。因此，在改造过程中必须充分了解当地居民最关心的问题，倾听当地居民的声音和需求。此外，在改造模式确定的基础上，政府需要及早制定完整的改造计划与改造措施，多部门统筹，并采取公开、互动、协调的公众参与方法和程序，让村民积极参与策划、规划、实施的全过程，争取村民的理解与支持，便于改造的顺利实施。对于村民关心的安置补偿标准、过渡房安排、拆迁后生活来源与就业问题等需要详细讲解，并与村民进行协商。

8.1.4 欠发达地区乡村出现乡村衰退现象，"空心村"问题愈发严重

在快速城镇化进程中，伴随着农村劳动力的迁入，城镇建成区不断扩张和发展。与此相对，在广大的乡村地域，却出现了人口急剧减少的现象，并因此引发了突出的社会经济问题。本书通过对山西中部地区3个村庄的调查分析，判断出乡村人口减少和衰退的程度，并归纳分析了其存在的社会经济问题。总体而言，研究有以下结论和建议：

（1）农村劳动力外流现象十分突出。调研发现，有外出务工人员的农户家庭比例达65.4%。从他们回乡频次来看，超过40%的外出务工人员一年仅回家1~2次，属于已经城市化的人口。这种趋势表明，农村劳动力人口的外移将加速农村的衰退，加速推动乡村聚落空间和生产方式变化。此外，研究还发现，无特殊技能的高龄农民工回流的明显趋势，必须在乡村发展和城市化进程的研究中引起重视。因此，我们建议各地应当根据各自乡村衰退（人口流失带来的系列社会经济问题）的实际情况，对耕地流转、宅基地流转置换等做出新的制度安排和创新管理，以盘活和释放乡村有限的资源。此外，高龄农民工在城市生活多年，一定程度上已经接受了城市的生活方式，他们向乡村回流需要我们从他们的需求出发，建设现代化新农村。

（2）乡村出现的农村老龄化、留守妇女、留守儿童教育、传统乡土社会瓦解等问题不容回避。调研发现，随着农村青壮年劳动力的外流，老龄化问题越发突出。老人不仅在生活和经济来源上主要依靠自己，而且还需要照看留守儿童。因此，政府需要尽快推动社会养老事业发展，使其老有所养。在留守儿童的教育上，一方面因为得不到父母的看护，留守儿童家庭教育缺失；另一方面，随着一些学龄儿童外迁、学龄儿童减少，已有教育设施因生源问题被迫关闭，进一步加剧了留守儿童的

上学难问题。因此，在学校等社会服务供给方面，需要强化政府引导和适度市场介入，以解决留守儿童的教育问题，并实现教育资源的均等化。对于留守妇女的问题，也应引起社会重视，使农村女性得到应有的关爱。此外，农村劳动力的外迁也进一步加速了传统乡土社会的瓦解，原有的邻里关系和族群关系正在发生着深刻变化。笔者建议加强乡村地区的社区工作，塑造新型的邻里关系，以积极的姿态应对乡村转型。

（3）针对乡村衰退和"空心村"问题，需要完善基础设施和公共服务配套政策。乡村和社区的衰退引发了我们对基础设施和公共服务配套政策的反思。在工业化和城市化的浪潮中，偏远地区人口外流是大势所趋，这些地区的衰退也不可避免，所以公共服务均等化并不适用。因此，我们应顺应城镇化差异化和偏远地区乡村衰退的趋势，制定和实施有差异的基础设施和公共服务配套政策。通过基础设施和公共服务配套的引导，配合镇村再布局，在有发展潜力的地区适度集聚人口，同时也更加合理高效地利用区域内基础设施和公共服务配套。在衰退的地区配备基本的公共服务，并且推行社会福利的均等化，以促进扬州半城市化地区健康城镇化。

8.2 本书的主要贡献

对于城镇化和乡村发展研究，本书在理论深化和政策实践方面有着重要贡献。从理论的角度来说，主要有以下两点：（1）本书从乡村的视角研究城镇化。在快速城镇化的进程中，乡村发生剧烈的变迁。一方面乡村空间在物质空间上受到城市扩张的挤压，另一方面大量的劳动力从乡村转移到城镇，这对城镇化和乡村变迁产生重要而深远的影响。所以本研究从另一个视角研究城镇化，有利于丰富城镇化理论。（2）本书分类型分析我国的乡村变迁。本书较粗略地将我国乡村分为半城市化地区、东部沿海发达地区和中部欠发达地区乡村三种类型，从而较全面地研究我国的乡村问题。

从实践的角度来说，本书对乡村转型提供了政策参考依据。本书研究了半城市化地区乡村、东部沿海发达地区乡村、中部欠发达地区乡村的转型现状和典型问题，总结了各类乡村发展的经验和教训，同时还对各类型的乡村转型提出了政策建议，这些都为乡村转型提供了新的实证案例启示和经验借鉴。

8.3 对乡村振兴的启示

党的十九大提出要实施乡村振兴战略，这是对统筹城乡发展和推动农村现代化做出的重要部署，本书结合三种类型地区的实证研究，认为乡村振兴应着重从以下几个方面展开：（1）强化农村的产业支撑作用。农村的衰退和空心化等一系列社会问题，缺乏就业机会是其主要原因之一。未来应结合农村自身优势创新农业发展业态，推动农业加工、农村旅游等第一、第二、第三产业的融合发展，为农村劳动力就近就地就业创造更多的机会，增加农民增收渠道，进而扎根农村。（2）要针对半城市化地区、偏远地区等提供差异化的农村基础设施和公共服务配套政策。在有发展潜力或特色地区政府应加大农村的基础设施建设投入力度。在衰退的地区要首先满足基本的公共服务，并不断提供公共服务的质量。（3）加强政策支撑。以推动精准扶贫和田园综合体为抓手，加快农村金融供给侧改革和农村土地流转制度改革，建立健全城乡融合发展体制机制和政策体系。

8.4 有待进一步探讨的问题

中国乡村转型是一个十分复杂的问题，涉及区位空间、类型模式、经济发展水平、社会人口等众多要素，需要进行多学科综合研究。本书虽然对这一问题进行了一些初步探索，但因为时间和能力有限，本书在很多方面还有待进一步深入研究。

（1）在研究案例的选择上，尽管本书从不同区域、不同类型的角度进行了有益的尝试，但是依旧未能覆盖所有区域、各种类型的乡村。今后，东、中、西部的划分方式应进一步细化；根据距离的远近，对于城市郊区的乡村类型可进行更详细的空间归纳；此外，有特色的乡村，例如华西村等，也应纳入研究范围。

（2）在研究内容上，本书为乡村转型提出了土地、户籍等一系列政策建议，但是乡村转型发展中参与主体具有多元性，具体分析各个参与者的角色，例如务农务工农民、务农农民，还有年轻人和老年人等。因此在未来的研究中应该考虑到不同参与者以及利益主体的诉求，以及对乡村转型发展的影响。乡村转型如何破解城乡两元结构是重要课题，未来的研究可进一步进行探索分析。

（3）在研究视角和内容上，本书对我国乡村的空间变迁和社会变迁的研究较为透彻，但是缺乏对乡村转型其他方面的研究，例如文化、习俗等。因此，未来的研究需要注重这些方面与乡村转型的关系和作用。

附录1：扬州城市郊区农民城镇化和迁居意愿调查问卷

1. 家庭信息

（1）您家有几口人？（务工人员算，换成城市户口的不算）

A. 2 人及以下   B. 3 人

C. 4 人   D. 5 人及以上

（2）您家里是否有务工的人？

A. 有

B. 没有（如果没有，跳至第二部分）

（3）你家里务工的主要成员有谁？并填写人数（可多选）并填写人数

A. 本人   B. 配偶

C. 子女_____   D. 父母_____

E. 其他_____

（4）每年务工会有多长时间？（可多选）并填写人数

A. 长期务工（全年）_____

B. 季节性务工（农忙时回来务农）_____

C. 偶尔出去务工_____

（5）主要从事什么行业？（可多选）并填写人数

A. 劳力型（如小工）   B. 技术型（油漆工、电工等）

C. 经营型（小买卖）   D. 知识型

E. 其他_____

（6）在哪里务工？（可多选）并填写人数

A. 本镇（村）_____   B. 扬州市其他乡镇_____

C. 扬（泰）州市区_____   D. 本省_____

E. 外省_____   F. 地点不固定_____

（7）务工的人，晚上住在哪里？（可多选）并填写人数

A. 村里　　　　　　　　　　B. 镇上自家房子

C. 城里自家房子　　　　　　D. 租房子

2. 房屋信息

（8）您家房屋是哪年修建的？

A. 1990 年以前　　　　　　　B. 1990～1999 年

C. 2000～2009 年　　　　　　D. 2010 年至今

（9）您家房屋是什么类型？

A. 平房　　　　　　　　　　B. 楼房

C. 农民别墅　　　　　　　　D. 其他_____

（10）您家有几层_____，房屋总建筑面积_____ m^2；占地
面积_____ m^2。

（11）您家是否在城镇还有房屋？

A. 有　　　　　　B. 没有

　　1）如果有，在哪里？

　　A. 镇区　　　B. 扬（泰）州市区　　　C. 其他_____

　　2）是否有人常住？

　　A. 是　　　B. 否

（12）您最愿意生活在哪里？

A. 城里　　　　　　　　　　B. 镇区

C. 村庄　　　　　　　　　　D. 其他_____

（13）您想不想重新建房？

A. 不想　　　B. 想

　　如果想，您会选择哪种方式？

　　A. 翻新　　　B. 原址重建

　　C. 在集中安置区购房

（14）您是否愿意住入集中居住区？

A. 不愿意　　　B. 愿意

　　如果愿意，您会选择迁到哪里？

　　A. 迁往本村农民集中居住区

B. 迁往本镇农民集中居住区

C. 其他_____

（15）如果集中居住，您关注的问题是（选三项）：

A. 安置补偿的标准　　　　　B. 过渡住房安排

C. 房屋拆迁后的生活来源　　D. 就业问题

E. 养老、医疗等社会保障问题

F. 集体分红

G. 生活设施与环境

H. 其他_____

3. 土地信息

（16）您家有耕地：

A. 1亩以下　　B. 1～3亩　　　C. 3～5亩　　　D. 5亩以上

（17）您的土地耕种情况（可多选）

A. 耕种　　　　　　　　　　B. 流转（租给别人种）

C. 抛荒　　　　　　　　　　D. 被征收

E. 其他_____

（18）如果您有选择权，您最希望如何处置您的土地？

A. 流转　　　　　　　　　　B. 被征地得到补偿

C. 继续耕种　　　　　　　　D. 留着（抛荒）

4. 个人信息

（19）性别：　　A. 男　　　　B. 女

（20）年龄：

A. 18～29岁　　　　　　　　B. 30～39岁

C. 40～49岁　　　　　　　　D. 50～59岁

E. 60岁及以上

（21）学历：

A. 小学及以下　　　　　　　B. 初中

C. 高中/中专　　　　　　　　D. 大专

E. 大学本科及以上

（22）家庭收入来源：（多选）

A. 务农   B. 经商

C. 务工   D. 农田租金或流转补贴

E. 离退休金   F. 子女或父母供养

G. 其他_____

（23）家庭月收入：

A. 1500 元及以下   B. 1501～5000 元

C. 5000～10000 元   D. 10000～20000 元

E. 20000 元及以上

附录 2：姜堰市城西片区农户家庭调查

社区名称：_____

请评价您目前的生活配套设施情况：

（1）您对目前居住地周边生活配套设施的看法是：

	非常便利	便利	一般	不便利	非常不便利	不适用
对外交通是否便利？						
子女就学是否便利？（幼儿园、小学、初中等）						
看病就医是否便利？						
购买食品、生活用品、家用电器等是否便利？						
使用文化场所是否便利？（图书馆、电影院、博物馆、展览馆等）						
使用运动场所是否便利？（体育馆、篮球场、游泳池等）						

（2）您对居住小区的满意度：

	非常满意	满意	一般	不满意	非常不满意
卫生状况					
垃圾收集处理情况					
治安状况					
路灯					
休闲娱乐设施					
社区文化氛围					

对城市建设的看法：

（3）对比之前的住房（征地之前的住房，而非原址重建之前的住房），您对以下说法的意见：

	完全同意	同意	不知道	不同意	完全不同意	不适用
我的居住质量得到提高（包括居住环境、人均住房面积、房屋布局合理性等）						
出行更加便利						
购物更加方便						
就医更加方便						
使用文化场所更加方便						
使用运动场所更加方便						
子女入学入托更加方便						
邻里关系更加融洽						
我获得了更多就业机会						
我很习惯目前的生活方式						

（4）您现在是否仍然有土地？

A. 没有

B. 有，土地面积比之前有所减少。面积_____亩

（如果没有土地，跳至第 7 题）

（5）您的土地耕种情况：

A. 由家人耕种　　　　　　　B. 由别人耕种

C. 无人耕种　　　　　　　　D. 其他_____

（6）关于您的土地，您未来的打算是：

A. 继续耕种　　　　　　　　B. 不打算继续耕种

C. 不知道

（7）成为城市新区后，对您的生活有哪些积极影响？（多选）

A. 获得完善的社会保障福利

B. 增加家庭收入

C. 居住环境得到改善

D. 生活质量得到提高

E. 其他_____

（8）对新城发展，您和您的家人有哪些顾虑？（多选）

A. 征地后生产方式发生变化，生活来源得不到保障

B. 家庭原有成员的社会保障、医疗保障问题

C. 家庭新成员的社会保障、医疗保障问题

D. 家庭开支增大，生活成本提高

E. 子女入学入托

F. 安置小区周边的城市规划对小区的影响

G. 其他_____

住户社会经济基本状况：

（9）您的家庭成员共有_____位，其中男性_____名；女性_____名。（户籍已经迁出的不纳入统计）

（10）您的家庭成员年龄构成：

A. 20 岁以下_____名　　　B. 20～30 岁_____名

C. 31～40 岁_____名　　　D. 41～50 岁_____名

E. 51～60 岁_____名　　　F. 60 岁以上_____名

（11）您的家庭成员最高学历：

A. 小学_____名　　　　　B. 初中_____名

C. 高中_____名　　　　　D. 中专_____名

E. 大专_____名　　　　　F. 大学及以上_____名

（12）您家人目前的户口性质是？

A. 农村居民户口　　　　　B. 城市居民户口

（13）您家中 18 岁以上的成员中：

_____位成员完全从事农业；_____位成员半工半农；

_____位成员完全从事非农产业；_____位成员无工作。

（14）半工半农家庭成员工作地点（多选）：

A. 本村　　　　　　　　　　　B. 姜堰城区

C. 泰州市　　　　　　　　　　D. 江苏省内其他城市

E. 外省_____

（15）半工半农家庭成员的行业有（多选）：

A. 民营企业　　　　　　　　　B. 外资企业

C. 乡镇企业　　　　　　　　　D. 服务行业

E. 小工商业者　　　　　　　　F. 其他_____

（16）完全从事非农产业的家庭成员的工作地点（多选）：

A. 本村　　　　　　　　　　　B. 姜堰城区

C. 泰州市　　　　　　　　　　D. 江苏省内其他城市

E. 外省_____

（17）完全从事非农产业的家庭成员的行业有（多选）：

A. 民营企业　B. 外资企业　C. 乡镇企业　D. 服务行业

E. 小工商业者　　　　　　　　F. 自办企业

G. 其他_____

（18）您的家庭月收入（包括所有家庭成员的收入）：

A. 1000 元以下　　　　　　　　B. 1000～1999 元

C. 2000～2999 元　　　　　　　D. 3000～3999 元

E. 4000～4999 元　　　　　　　F. 5000 元以上

（19）您的家庭收入来源有哪些？

A. 务农　　　　　　　　　　　B. 外出打工

C. 经营小生意　　　　　　　　D. 经营企业

E. 房屋出租　　　　　　　　　F. 其他_____

（20）您和家人在工作和生活之外有哪些休闲娱乐方式？
（多选）

A. 看电视　　　　　　　　　　B. 看书

C. 看电影　　　　　　　　　　D. 逛公园

E. 与亲朋好友聊天　　　　　　F. 打扑克、打麻将

G. 运动健身（跑步、篮球、羽毛球、乒乓球、游泳等）

H. 其他_____

附录 3：泉州市环湾地区城中村改造调查问卷

访谈人员填写：

城中村名称：

地点：泉州　□　　　　　晋江　□　　　　　石狮　□

1. 房屋信息

（1）您是小区本村居民？还是租户？

A. 租户（转 A 问题）　　　　　B. 常住居民（转 B 问题）

1）租户回答

（2）您来自哪里：

A. 本地　　　　　　　　　　　B. 外县市

C. 福建省其他县市　　　　　　D. 其他省市

（3）您现在的户口：

A. 农村户口　　　　　　　　　B. 城镇户口

（4）您什么方式租住在这里：

A. 与别人合租　　　　　　　　B. 独自租赁

C. 其他方式_____

（5）您现在的租房状况：

A. 独身　　　　　　　　　　　B. 家庭_____人

B_1. 夫妻　　　　　　　　　　B_2. 夫妇＋子女

B_3. 夫妇＋子女＋老人　　　　B_4. 夫妇＋老人

（6）租住时间：

A. 半年以下　B. 半年～1 年　C. 1～3 年　　D. 3～5 年

E. 5 年以上

（7）租房面积：（m^2）

A. 10 及以下　B. 10～20　　C. 20～30　　　D. 30～50

E. 50～80　　F. 80～100　　G. 100 以上

（8）您租住在这里的原因：（可多选）

A. 离工作地点近　　　　　　B. 租金低

C. 日常生活开支低　　　　　D. 符合自己的生活方式

E. 其他_____

（9）目前每月租房租金：

A. 100 元以下　　　　　　　B. 101～200 元

C. 201～350 元　　　　　　 D. 351～500 元

E. 500～650 元　　　　　　 F. 650～800 元

G. 801～1000 元　　　　　　H. 1000 元以上

（访谈：如果允许你转为城镇户口，你愿意转为城镇户口吗?）

2）常住居民回答

（10）您在该村有几幢楼宇？

A. 1 幢　　　　　　　　　　B. 2 幢

C. 3 幢　　　　　　　　　　D. 4 幢及以上

（11）房屋总建筑面积大约为_____ m²；分别有_____层；目前有_____户租户？

（12）房屋分别已经使用年限（多个房屋，多选）：

A. 5 年以下　B. 5～10 年　C. 10～15 年　D. 15～20 年

E. 20 年以上

2. 居住满意度调查

题号	调查条录	很满意	满意	一般	不满意	很不满意	不知道
（13）	居住面积						
（14）	建筑质量与空间结构						
（15）	供水供电						
（16）	卫生安保服务						
（17）	文体休闲活动						
（18）	周边生活配套设施						
（19）	教育设施						
（20）	绿化公园						

题号	调查条录	很满意	满意	一般	不满意	很不满意	不知道
(21)	排水设施						
(22)	路边照明设施						
(23)	周边环境条件						
(24)	公共交通站点						
(25)	邻里关系						
(26)	停车场						

3. 改造意象调查（租户不回答此部分）

(27) 您希望对城中村进行改造吗：

A. 希望（转 28 题）　　　　　B. 不希望（转 29 题）

C. 无所谓　　　　　　　　　D. 不清楚

(28) 如果希望改造，您希望以何种方式进行城中村改造：

A. 整体拆除，重新规划建设

B. 基本保留，以整改修缮为主

C. 局部控制改造

(29) 如果允许你转为城镇户口，你愿意转为城镇户口吗？

A. 愿意　　　　B. 不愿意　　　　C. 无所谓

（如果已经是城镇户口，则访谈：转成城镇户口之后，跟之前的生活有没有差别?）

(30) 在城中村改造中，作为城中村村（居）民您最关注的问题是：（可多选）

A. 安置补偿的标准

B. 过渡住房安排

C. 房屋拆迁后的生活来源

D. 就业问题

E. 养老、医疗等社会保障问题

F. 收入降低问题

G. 集体分红

H. 宗祠如何安排

I. 停车场

J. 其他

4. 个人信息

（31）职业：

A. 务工   B. 小工商业者

C. 无业   D. 企业

E. 事业单位   F. 政府机关

G. 其他

（下面信息：如果受访者为供养人，则填受访者信息；如果不是，则填写供养人信息）

（32）性别：   A. 男   B. 女

（33）年龄：

A. 18～24 岁 B. 25～34 岁 C. 35～44 岁 D. 45～54 岁

E. 54 岁以上

（34）学历：

A. 小学及以下   B. 初中

C. 高中   D. 中专

E. 大专   F. 大学及以上

（35）家庭成员数：（租户不填写）

A. 2 人   B. 3 人   C. 4 人   D. 5 人

E. 6 人及以上

（36）您的每月收入：

A. 500～1000 元   B. 1001～2500 元

C. 2501～5000 元   D. 5001～8000 元

E. 8000 元以上

（37）主要经济来源：

A. 务农   B. 经商

C. 务工   D. 工资（包括离退休金）

E. 收租   F. 子女或父母供养

附录 4：长治农村外出务工人员
密集村庄的农户家庭调查

1. 家庭人员外出情况：

（1）请问您家中有几口人_____？是否有外出务工的人？

A. 没有　　　　B. 有　　　　C. 曾经有　　　D. 其他

（2）没有外出务工是何原因？

A. 家中没有适龄人员

B. 没有特殊技能，不知能做什么

C. 其他

D. 不愿背井离乡

E. 在家创业

（3）除种地以外，家中其他收入主要来自哪儿？

A. 养殖　　　B. 做买卖　　　C. 做小工　　　D. 其他

（4）若曾经有过外出打工经历，是什么原因使自己终止了这种生活方式？

A. 找到其他稳定工作

B. 外出务工艰辛，累，赚钱又少

C. 没有什么技术，不会有什么发展

D. 回家自主创业

E. 其他

（5）外出打工在什么地方？

A. 本市　　　　B. 本省　　　　C. 外省　　　　D. 本县城

（6）在外主要从事什么行业？

A. 劳力型（如小工）　　　　B. 技术型（油漆工、电工等）

C. 知识型　　　　　　　　　D. 其他

（7）如果有，外出打工的主要成员有谁？（可多选）

A. 子女　　　　　　　　　　B. 配偶

C. 夫妻或全家　　　　　　　D. 父子

E. 自己

（8）在外务工有多久了？

A. 15 年以上　B. 10～14 年　C. 5～9 年　　D. 0～4 年

（9）家中在外务工人员的年龄多大？受教育程度如何？（可多选，请注明）

A. 15～24　　B. 25～34　　C. 35～44　　D. 45 以上

E. 大专以上　F. 高中　　　G. 初中　　　H. 小学

（10）外出打工的家人多久回家一次？

A. 1～2 次/年　　　　　　　B. 3～4 次/年

C. 5～6 次/年　　　　　　　D. 不定期

（11）如外出务工夫妻有需看护的小孩，孩子谁来照料？

A. 留给老人看管　　　　　　B. 无或已独立

C. 学龄前留在农村，上学带走

D. 妻子在家照看

E. 自己带在身边

（12）外出打工，如家里老人日常生活谁来照顾？

A. 老人自己维持生计

B. 所有子女按月给予一定生活费

C. 其他

D. 拒绝回答

2. 对家庭基本情况及感知调查：

（13）您家住宅使用时间？

A. 20 年以上　B. 10～19 年　C. 5～9 年　　D. 5 年以下

（14）房子建筑结构如何？

A. 砖瓦房　　　B. 土坯房　　　C. 砖窑房　　　D. 土窑房

E. 楼房

（15）外出人员多久向家寄一次钱＿＿＿＿？大概每次多少？

A. 500～1000　　　　　　　B. 1000～1500

C. 1500～3000　　　　　　　　D. 3000 以上

E. 拒绝回答

（16）家人外出打工对家庭日常生活有无影响？主要在哪方面？

A. 有　　　　B. 没有　　　　C. 不很明显　　D. 拒绝回答

（17）外出务工的家庭，家中耕地谁种？

A. 自己家　　　B. 给亲戚　　　C. 租给别人　　D. 拒绝回答

（18）您认为村民外出务工，让您感觉有哪些明显变化：

A. 因人员外出家庭之间整体来往变少

B. 在一起务工或者同行农户之间交流多一点

C. 村里有人家办婚嫁等事，邻里帮忙人数不如从前

D. 其他

E. 并无明显变化

（19）您对本村新一代（80 后）了解情况如何？（隔代之间）

A. 比较了解　　B. 多数年轻人仅限于认识

C. 不了解　　　D. 其他

（20）您认为村民现在的大家族意识或集体意识是否有所减弱？

A. 有　　　　　B. 没有　　　　C. 不明显

（21）外出务工对孩子教育有无影响？

A. 有　　　　　B. 不明显　　　C. 没有

D. 孩子教育成本（或环境）发生了变化

E. 对家庭教育方面有影响

F. 影响孩子成长

G. 其他

（22）当前村庄是否存在新的集体供给途径，例如集体经济收入分红？

A. 有　　　　　　B. 没有　　　　　C. 拒绝回答

受访者信息：

性别：　　　　　　　　　A. 男　　　　　B. 女

年龄：

A. 15～24　　B. 25～34　　C. 35～44　　D. 45～54

E. 55 以上

家庭身份：

A. 外出务工者的子女　　　B. 外出务工者的父母

C. 外出务工者的配偶　　　D. 其他（详细注明）

主要参考文献

英文部分

[1] Abdullah, S. A., Nakagoshi, N. Changes in landscape spatial pattern in the highly developing state of Selangor, peninsular Malaysia [J], LandscapeUrbanPlan, 2006, 77, 263-275.

[2] D. J. Fearon. What is identity? (as we now use the word). 1999. Retrieved May 7, 2012,
Wilson, A. G. (1971) 'A family of spatial interaction models and associated developments', Environment and Planning, A3: 1-32.

[3] D. R. Webster, L. Muller. Challenges of Peri-urbanization in the Lower Yangtze Region: The case of the Hangzhou-Ningbo Corridor. Discussion Papers of Asia/Pacific Research Center, Stanford University, 2002.

[4] Fei J C H, Ranis G, On the empirical relevancy of the Ranis-Fei Model of economic development: Reply [J], The American Economic Review, 1971: 704-708.

[5] Gannon, Colin A. (1973) 'Gentral concentration in simple spatial duopoly: Some behavioral and functional conditions', Journal of Regional Science, 13: 357-375.

[6] Gutman, P. Ecosystem services: foundations for a new rural-urban compact [J], Ecological Economics, 2007, 62, 383-387.

[7] Hahs, A. K., McDonnell, M. J. Selecting independent measures to quantify Mel-Bourne's urban-rural gradient [J], Landscape Urban Plan. 2006, 78: 435-448.

[8] Harris J R, Todaro M P, Migration, Unemployment and development: a two-sector analysis [J], The American economic review, 1970: 126-142.

[9]   Hualou Long, JianZou, YansuiLiu. Differentiation of rural develop-
      ment driven by industrialization and urbanization in eastern coastal Chi-
      na [J], Habit at International, 2009, 33: 454-462.

[10] H. W. Dick, Rimmer P J. Beyond the Third World City: the New
      Urban Geography of South-East Asia. Urban Studies. 1998, 35
      (12): 2303-2321.

[11] Iiang Zal, Chen YiuPor, Gu Yanmin. Rural Industrialisation and In-
      ternal Mi-gration in China. Urban Studies, 2002, 39 (12): 2175-
      2187.

[12] Jenerette, G. D., Wu, J. Analysis and simulation of land-use
      change in the central Arizona-Phoenix region, USA [J], Landscap-
      eEcol, 2001. 16, (7): 611-626.

[13] Jin S. Deng, Ke Wang, Yang Hong, Jia G. Qi. Spatio-temporal
      dynamics and evolution of landuse change and landscape pattern in re-
      sponse to rapid urbanization [J], Landscape and Urban Planning,
      2009, 92: 187-198.

[14] J. L. Scarpaci. Patterns of Development on the Metropolitan Fringe:
      A Peri-Urban Survey of Santiago, Chile. Working Paper 92-1, Cen-
      ter for Urban and Regional Studies, Virginia Polytechnic Institute
      and State University, 1992.

[15] Lewis, W. Arthur. Economic Development with Unlimited Supplies
      of Labour. The Manchester School, 22 (2), 139-191. doi:
      10. 1111/j. 1467-9957. 1954. tb00021. x, 1954.

[16] Lewis W A, Economic development with unlimited supplies of labour
      [J], The Manchester School, 1954, 22 (2): 139-19.

[17] Lewis W A, Unlimited labour: further notes [J], The Manchester
      School, 1958, 26 (1): 1-32.

[18] Lily. Tsai. Cadres, Temple and Lineage Institutions, and Govern-
      ance in Rural China [J], The China Journal, 2002, 48: 1-27.

[19] Liu, Z. Q. Human capital externalities and rural-urban migration:
      evidence from rural China [J], China Economic Review, 2008, 19,
      521-535.

[20] Luo X. Growth Politics in Urban China. China Review, 2010, 10

(1): 39-62.

[21] Marc Antrop. Landscape change and the urbanization process in Europe [J], Landscape and Urban Planning, 2004, 67: 9-26.

[22] Ma, Z. Temporary migration and regional development in China. Environment and Planning A [J], 1999 31, 783-802.

[23] Medley, K. E., McDonnell, M. J. Pickett, S. T. A. Forest-landscape structure along an urban-to-rural gradient [J], Prof. Geogr, 1995, 47: 159-168.

[24] Myint H, An interpretation of economic backwardness [J], Oxford Economic Papers, 1954: 132-163.

[25] Myint H, Economic theory and development policy [J], Economica, 1967: 117-130.

[26] Myint H, Organizational dualism and economic development [J], Asian Development Review, 1985, 3 (1): 25-42.

[27] N. Ginsburg. Extended Metropolitan Regions in Asia: A New Spatial Paradigm //N. Ginsburg, B. Koppel, T. G. McGee. The Extended Metropolis: Settlement Transition in Asia. Honolulu: University of Hawaii Press, 1991.

[28] N. Oatley. Lexicons of Suburban and Ex-urban Development. Research Project, City Words Programme, UNESCO-CNRS, 1997.

[29] P. Hall. Revisiting the Non-place Urban Realm: Have We Come Full Circle? International Planning Studies. 1996, 3: 7-15.

[30] Putterman, Louis. Dualism and Reform in China. Economic Development and Cultural Change, 40 (3), 467-493. doi: 10. 2307/ 1154572, 1992.

[31] Rozelle, S., Li, G., Shen, M., Hughart, A., &-Giles, J. Leaving china's farms: Survey results of new paths and remaining hurdles to rural migration [J], China Quarterly, 1999, 158: 367-393.

[32] Solon, J. Landscape approach to the studies of suburban zones [J], Geogr. Slov, 1990, 21: 57-75.

[33] T. G. McGee. New Regions of Emerging Rural-Urban Mix in Asia: Implications for National and Regional Policy. A paper presented at

Seminar on Emerging Urban-Rural Linkage，Bangkok：August，16-19，1989.

[34] Todaro M P，A model of labor migration and urban unemployment in less developed countries ［J］，The American Economic Review，1969：138-148.

[35] Weng Yen-Chu. Spatiotemporal changes of landscape pattern in response to urbanization ［J］，Landscape and Urban Planning，2007，84（4）：341-353.

[36] Zhang，L. X.，Brauw，A. D.，&Rozelle，S. China's rural labor market development and its gender implications ［J］，China Economic Review，2004，15，230-247.

[37] Zhang，L.，Wu，J.，Zhen，Y.，Jiong，S.，2006. A GIS-based gradient analysis of urban landscape pattern of Shanghai metropolitan area，China. Landscape Urban Plan，2004，69：1-16.

中文部分

[1] 蔡昉. 中国的二元经济与劳动力转移：理论分析与政策建议 ［M］. 北京：中国人民大学出版社，1990.

[2] 蔡昉. 城乡收入差距与制度变革的临界点 ［J］. 中国社会科学，2003（5）：16-25.

[3] 蔡昉. 转轨时期的就业政策选择：矫正制度性扭曲 ［J］. 中国人口科学，2005（2）：1-6.

[4] 蔡昉，都阳，王美艳. 农村劳动力流动的政治经济学 ［M］. 上海：上海三联出版社，2003.

[5] 蔡昉，王德文. 中国经济增长的可持续性与劳动贡献 ［J］. 经济研究，1999，10.

[6] 曹广忠，刘涛，缪杨兵. 北京城市边缘区非农产业活动特征与形成机制 ［J］. 地理研究，2009，28（5）：1352-1364.

[7] 曹阳. 中国农业劳动力转移：基于体制变迁的分析 ［M］. 武汉：华中师范大学出版社，1997.

[8] 陈丙欣，叶裕民. 中国流动人口的主要特征及对中国城市化的影响 ［J］. 城市问题，2013，3：2-8.

[9] 陈吉元，胡必亮. 中国的三元经济结构与农业剩余劳动力转移［J］. 经济研究，1994（1）：16-24.

[10] 陈晶，张磊. 城乡结合部农村居民点演变机制与案例分析——新制度主义视角的研究［J］. 城市发展研究，2014，21（9）：18-23.

[11] 陈柳钦. 产业发展：城市化的动力［J］. 经济前沿，2005（5）：17-22.

[12] 陈倩. 发展乡镇企业推进新农村建设的问题研究［D］. 山西财经大学，2013：30-32.

[13] 陈晓华，张小林，马远军. 快速城市化背景下的我国乡村的空间转型［J］. 南京师范大学（自然科学版），2008，31（1）：125-129.

[14] 陈佑启. 城乡交错带明辨［J］. 地理学与国土研究. 1995，（1）：43-50.

[15] 陈玉福，孙虎，刘彦随. 中国典型农区空心村综合整治模式［J］. 地理学报，2010，65（6）：727-735.

[16] 陈宗胜. 改革，发展与收入分配［M］. 上海：复旦大学出版社，1999.

[17] 成得礼，谢子平. 中国城乡结合部地区失地农民个人转型问题研究——基于北京市、青岛市、成都市和南宁市的入户调查数据［J］. 华东经济管理，2009，23（3）：64-73.

[18] 程连生，冯文勇，蒋立宏. 太原盆地东南部农村聚落空心化机理分析［J］. 地理学报，2001，56（4）：437-446.

[19] 丁少群，王信. 老龄化背景下的农村可持续养老保障制度改革研究［J］. 中国经济问题，2012（2）：52-60.

[20] 都阳，朴之水. 迁移与减贫——来自农户调查的经验证据［J］. 人口研究，2003，（4）.

[21] 杜志雄，苑鹏，包宗顺. 乡镇企业产权改革，所有制结构及职工参与问题研究［J］. 2004（1）：82-95.

[22] 段成荣，吕利丹，郭静，等. 我国农村留守儿童生存和发展基本状况——基于第六次人口普查数据的分析［J］. 人口学刊，2013，2：37-48.

[23] 段成荣，杨舸. 我国农村留守儿童状况研究［J］. 人口研究，2008，32（3）：15-25.

[24] 段平忠，刘传江. 中国省际人口迁移对地区差距的影响［J］. 中国

人口资源与环境，2012，22（11）：60-67.

[25] 方创琳，马海涛. 新型城镇化背景下中国的新区建设与土地集约利用［J］. 中国土地科学，2013，27（7）：4-9.

[26] 房庆方，马向明，宋劲松. 城中村：从广东看我国城市化进程中遇到的政策问题［J］. 城市规划，1999（09）：18-20.

[27] 范建勇，王立军等. 产业集聚与村庄劳动力的跨区域流动［J］. 管理世界，2004，（4）：22-29.

[28] 范兴华，方晓义，刘勤学，等. 流动儿童，留守儿童与一般儿童社会适应比较［J］. 北京师范大学学报：社会科学版，2009（5）：33-40.

[29] 冯德显，梁少民. 新农村建设模式及动力机制研究［J］. 地域研究与开发，2011，30（6）：33-36，41.

[30] 冯健，王永海. 中关村高校周边居住区社会空间特征及其形成机制［J］. 地理研究，2008，27（5）：1003-1016.

[31] 费孝通. 小城镇大问题［M］. 南京：江苏人民出版社，1984.

[32] 傅小锋，曹卫东，曹有挥，潘坤友. 半城市化地区土地利用变化及其环境效应——以成都新津县为例［J］. 中国人口·资源与环境. 2005，15（3）：80-83.

[33] 付涛. 陕西省新农村基础设施建设标准体系研究［D］. 西安建筑科技大学，2012：29-30.

[34] 顾朝林，蔡建明，张伟，等. 中国大中城市流动人口迁移规律研究［J］. 地理学报，1999，54（3）：204-212.

[35] 辜胜阻. 中国二元城镇化战略构想［J］. 中国软科学，1995（6）：62-63.

[36] 郭剑雄. 二元经济与中国农业发展［M］. 经济管理出版社，1999.

[37] 郭书田. 对农村工业化，城市化与农业现代化的几点思考［J］. 中国农村经济，1989（2）：20-23.

[38] 韩非，蔡建明. 我国半城市化地区乡村聚落的形态演变与重建［J］. 地理研究. 2011，30（7）：1271-1283.

[39] 郝丽丽，吴箐，王昭，等. 基于产权视角的快速城镇化地区农村土地流转模式及其效益研究［J］. 地理科学进展，2015，34（1）：55-63.

[40] 何深静，钱俊希，吴敏华. "学生化"的城中村社区——基于广州

下渡村的实证分析 [J]. 地理研究，2011，30（8）：1508-1519.

[41] 贺振华. 农户兼业及其对农村土地流转的影响——一个分析框架 [J]. 上海财经大学学报，2006，8（2）：72-78.

[42] 黄宁阳，汪晓银. 农村劳动力进城务工与城镇失业关系研究 [J]. 农业技术经济，2009，（6）：4-9.

[43] 黄贤金. 城市化进程中土地流转对城乡发展的影响 [J]. 现代城市研究，2010，（4）：15-18.

[44] 黄延信，张海阳，李伟毅，等. 农村土地流转状况调查与思考 [J]. 农业经济问题，2011（5）：4-9.

[45] 胡平. 简析城市农民工市民化的障碍及实现途径 [J]. 农村经济，2005，（5）：80-82.

[46] 季小妹，陈田，郑芳. 半城市化地区生态环境研究进展 [J]. 生态环境学报. 2009，18（4）：1579-1586.

[47] 贾凯. 新型城镇化背景下城乡结合部社会治理问题研究 [J]. 理论导刊，2014，（3）：10-13.

[48] 贾若祥，刘毅. 中国半城市化问题初探 [J]. 城市发展研究. 2002，9（2）：19-23.

[49] 姜堰区规划局. 姜堰区城市总体规划（2010-2030）. 2011.

[50] 李保明. 国外城市社区管理模式及其启示 [J]. 中国行政管理，2013，3：95-97.

[51] 李景国. 城市化、新农村建设对解决三农问题的作用 [J]. 中共福建省委党校学报，2009，（12）：51-55.

[52] 李俊民，倪红雨. "空心村"问题及其对策——以汤阴县南阳村为例 [J]. 安徽农业科学，2009，37（11）：5182-5185.

[53] 李克强. 论我国经济的三元结构 [J]. 中国社会科学，1991（3）：65-82.

[54] 李玲. 改革开放以来中国国内人口迁移及其研究 [J]. 地理研究，2001，20（4）：453-462.

[55] 李培. 中国城乡人口迁移的时空特征及其影响因素 [J]. 经济学家，2009（1）：50-57.

[56] 李强，陈宇琳，刘精明. 中国城镇化"推进模式"研究 [J]. 中国社会科学，2012，7（82）：82-100.

[57] 李裕瑞，刘彦随，龙花楼. 黄淮海典型地区村域转型发展的特征与

机理［J］. 地理学报，2012，67（6）：771-782.

［58］ 李裕瑞，刘彦随，龙花楼等. 大城市郊区村域转型发展的资源环境
效应与优化调控研究——以北京市顺义区北村为例［J］. 地理学报，
2013，68（6）：825-838.

［59］ 李婷婷，龙花楼. 山东省乡村转型发展时空格局［J］. 地理研究，
2014，33（3）：490-500.

［60］ 李扬，刘慧. 人口迁移空间格局模拟研究进展与展望［J］. 地理科
学进展，2010，29（10）：1162-1170.

［61］ 李享章. 论双重二元结构与农业发展——兼论我国二元经济发展转
化道路［J］. 中国农村经济，1989（2）：3-16.

［62］ 李亚娟，陈田，王婧等. 大城市边缘区乡村旅游地旅游城市化进程
研究——以北京市为例［J］. 中国人口：资源与环境，2013，23
（4）：162-168.

［63］ 李志军，刘海燕，刘继生. 中国农村基础设施建设投入不平衡性研
究［J］. 地理科学，2010，30（6）：839-846.

［64］ 廖家勤. 财政紧约束下有效促进农村基础设施建设的政策选择［J］.
农村经济，2006（3）：56-59.

［65］ 林初升，马润潮，我国小城镇结构功能初探［J］. 地理学报，1990，
45（4）：412-420.

［66］ 柳士发. 中国经济现代化的三重二元结构［J］. 人文杂志，1999
（5）：52-59.

［67］ 刘传江，周玲. 社会资本与农民工的城市融合［J］. 人口研究，
2004，（5）：12-18.

［68］ 刘江，崔胜辉，邱全毅，张国钦，黄云凤. 滨海半城市化地区景观
格局演变——以厦门市集美区为例［J］. 应用生态学报. 2010，21
（4）：856-862.

［69］ 刘敏. 山村社会——西北黄土高原山村社会发展动力研究. 兰州：
甘肃人民出版社，2000. 74.

［70］ 刘乃全. 农村劳动力流动对区域经济发展的影响分析［M］. 上海：
上海财经大学出版社，2005

［71］ 刘盛和，陈田，蔡建明. 中国半城市化现象及其研究重点［J］. 地
理学报. 2004，59（10）：101-108.

［72］ 刘盛和，叶舜赞，杜红亮. 半城市化地区形成的动力机制与发展前

景初探［J］. 地理研究，2005，24（4）：601-611.

［73］ 刘望保，汪丽娜，陈忠暖. 中国省际人口迁移流场及其空间差异［J］. 经济地理，2012，32（2）：8-13.

［74］ 刘卫柏，李中. 新时期农村土地流转模式的运行绩效与对策［J］. 经济地理，2011，31（2）：300-304.

［75］ 刘卫东，彭俊. 长江三角洲开发区建设与发展的比较研究［J］. 长江流域资源与环境，2001，10（5）：385-392.

［76］ 刘向阳，金东来. 江西省城市化与产业结构的定量分析［J］. 华东经济管理，2008，22（2）：62-66.

［77］ 刘向阳，杨青山，张鹏. 哈尔滨都市圈城市化发展与空间组织［J］. 经济地理，2008，1：96-99.

［78］ 刘雪斌. 城市化与新农村建设［J］. 南昌大学学报（人文社会科学版），2006，37（6）：51-57.

［79］ 刘晏伶，冯健. 中国人口迁移特征及其影响因素——基于第六次人口普查数据的分析［J］. 人文地理，2014，29（2）：129-137.

［80］ 刘彦随. 科学推进中国农村土地整治战略［J］. 中国土地科学，2011，25（4）：3-8.

［81］ 刘彦随. 中国东部沿海地区乡村转型发展与新农村建设［J］. 地理学报，2007，62（6）：563-570.

［82］ 刘彦随. 中国新农村建设创新理念与模式研究进展［J］. 地理研究，2008，27（2）：479-480.

［83］ 刘彦随，刘玉，翟荣新. 中国农村空心化的地理学研究与整治实践［J］. 地理学报，2009，64（10）：1193-1202.

［84］ 刘彦随，刘玉，翟荣新. 中国农村空心化的地理学研究与整治实践［J］. 地理学报，2009，64（10）：1193-1202.

［85］ 刘勇. 中国城镇化发展的历程，问题和趋势［J］. 经济与管理研究，2011，3：20-26.

［86］ 刘志玲，李江风，张丽琴. 国内城市空间扩展研究综述［J］. 资源开发与市场，2007，23（11）：1018-1020.

［87］ 龙冬平，李同昇，于正松等. 基于微观视角的乡村发展水平评价及机理分析——以城乡统筹示范区陕西省高陵县为例［J］. 经济地理，2013，33（011）：115-121.

［88］ 龙花楼. 中国乡村转型发展与土地利用［M］. 科学出版社，2012.

［89］ 龙花楼，李裕瑞，刘彦随. 中国空心化村庄演化特征及动力机制［J］. 地理学报，2009，64（10）：1203-1213.

［90］ 龙花楼，李婷婷，邹健. 我国乡村转型发展动力机制与优化对策的典型分析［J］. 经济地理，2011，31（12）：2080-2085.

［91］ 龙花楼，刘彦随，邹健. 中国东部沿海地区乡村发展类型及其乡村性评价［J］. 地理学报，2009，64（4）：426-434.

［92］ 龙花楼，邹健. 我国快速城镇化进程中的乡村转型发展［J］. 苏州大学学报：哲学社会科学版，2011，32（4）：97-100.

［93］ 陆大道. 我国的城镇化进程与空间扩张［J］. 城市规划学刊，2007，4：47-52.

［94］ 陆益龙. 乡土中国的转型与后乡土性特征的形成［J］. 人文杂志，2010，（5）：161-168.

［95］ 鲁奇. 论我国社会主义新农村建设理念与实践的统一［J］. 中国人口·资源与环境，2009，19（1）：6-12.

［96］ 罗小龙，许骁. "十三五"时期乡村转型发展与规划应对［J］. 城市规划，2015，（3）：15-23.

［97］ 吕卫国. 转型期南京市制造业郊区化及区位选择［J］. 长江流域资源与环境，2010（2）.

［98］ 马萍，王敬军，张义，等. 陕西省2006—2013年流感暴发疫情流行特征影响因素［J］. 中国公共卫生，2015，31（1）：17-21.

［99］ 马忠东，张为民，梁在等. 劳动力流动：中国农村收入增长的新因素［J］. 人口研究，2004，3（28）：2-10.

［100］ 毛丹，王萍. 英语学术界的乡村转型研究［J］. 社会学研究，2014，（1）：194-216.

［101］ 毛新雅. 城市化与建设新农村的关系探究——兼论中国解决农民问题的途径［J］. 经济问题探索，2007，（6）：4-9.

［102］ 孟欢欢，李同昇，于正松. 安徽省乡村发展类型及乡村性空间分异研究［J］. 经济地理，2013，33（4）：144-148，185.

［103］ 牟凤云，张增祥. 城市扩展与空间形态演化动力机制的研究进展［J］. 重庆交通大学学报（自然科学版），2008，27（5）：826-830.

［104］ 乔晓春，黄衍华. 中国跨省流动人口状况［J］. 人口与发展，2013，19（1）：13-28.

[105] 曲衍波，张凤荣等. 农村居民点整理潜力综合修正与测算——以北京市平谷区为例 [J]. 地理学报，2013，67（4）：490-503.

[106] 任志军，左理. 新农村建设与城市化互动关系研究 [J]. 经济问题探索，2007，（8）：1-5.

[107] 单卓然，黄亚平. "新型城镇化"概念内涵，目标内容，规划策略及认知误区解析 [J]. 城市规划学刊，2013（2）：16-22.

[108] 沈建法. 中国城市化与城市空间的再组织 [J]. 城市规划，2006，30：36-40.

[109] 沈孔忠. 城乡结合部农村社区转型与城乡协调发展 [J]. 人文地理，1999，（4）：38-41.

[110] 石磊. 三农问题的终结 [M]. 江西：江西人民出版社，2005.

[111] 石龙宇，黄云凤，崔胜辉，刘江. 半城市化地区土地适宜性评价方法及应用——以厦门市集美区为例 [J]. 中国土地科学. 2010，24（5）：53-57.

[112] 石忆邵. 从单中心城市到多中心城市——中国特大城市发展的空间组织模式 [J]. 城市规划汇刊，1999，3：008.

[113] 石永江. 发展中的城郊区域性经济 [J]. 科技导报，1991（4）：18-22.

[114] 宋斌文. 农村劳动力转移对农村老龄化的影响及其对策建议 [J]. 公共管理学报，2004，1（2）：74-79.

[115] 宋伟，陈百明，姜广辉. 中国农村居民点整理潜力研究综述 [J]. 经济地理，2010，30（11）：1871-1877.

[116] 宋月萍，张耀光. 农村留守儿童的健康以及卫生服务利用状况的影响因素分析 [J]. 人口研究，2009，33（6）：57-66.

[117] 苏小，金彦平. 中国城镇化发展历程及变革研究 [J]. 农村经济，2013，10：99-102.

[118] 唐国芬. 从农民工到农民市民化的蜕变 [J]. 甘肃农业，2006，（10）：72-73.

[119] 谭启宇，岳隽，胡宝清，陈水森. 深圳的城中村及改造实践启示 [J]. 热带地理，2005，25（4）：341-345.

[120] 田莉，戈壁青. 转型经济中的半城市化地区土地利用特征和形成机制研究 [J]. 城市规划学刊. 2011，195（3）：66-73.

[121] 仝德，冯长春. 国内外城中村研究进展及展望 [J]. 人文地理，

2009，(6)：29-35.

[122] 王德，朱玮，叶晖. 1985-2000 年我国人口迁移对区域经济差异的均衡作用研究 [J]. 人口与经济，2004 (6)：1-9.

[123] 王成新，姚士谋，陈彩虹. 中国农村聚落空心化问题实证研究 [J]. 地理科学，2005，25 (3)：257-262.

[124] 王春光. 农村流动人口的"半城市化"问题研究 [J]. 社会学研究，2006，5 (7)：107-122.

[125] 王道勇，郧彦辉. 农民市民化：传统超越与社会资本转型 [J]，甘肃社会科学，2005，(4)：9-13.

[126] 王发曾，唐乐乐. 郑州城市边缘区的空间演变、拓展和优化 [J]. 地域研究与开发，2009，28 (6)：51-57.

[127] 王桂新. 迁移与发展—中国改革开放以来的实证 [M]. 北京：科学出版社，2005.

[128] 王桂新. 改革开放以来中国人口迁移发展的几个特征 [J]. 人口与经济，2004 (4)：1-8.

[129] 王桂新，刘建波. 长三角与珠三角地区省际人口迁移比较研究 [J]. 中国人口科学，2007 (2)：87-94.

[130] 王桂新，毛新雅，张伊娜. 中国东部地区三大都市圈人口迁移与经济增长极化研究 [J]. 华东师范大学学报：哲学社会科学版，2006，38 (5)：1-9.

[131] 王桂新，潘泽瀚，陆燕秋. 中国省际人口迁移区域模式变化及其影响因素水-基于 2000 和 2010 年人口普查资料的分析 [J]. 中国人口科学，2012 (5)：2-13.

[132] 王桂新，魏星，沈建法. 中国省际人口迁移对区域经济发展作用关系之研究 [J]. 复旦学报（社会科学版），2005 (3)：148-161.

[133] 王检贵. 城乡收入差距与经济相对过剩 [J]. 上海经济研究，1999 (1)：8-12.

[134] 王军. 江苏省人口城市化与空间组织研究 [D]. 南京师范大学硕士论文，2004.

[135] 王凯，陈明. 近 30 年快速城镇化背景下城市规划理念的变迁 [J]. 城市规划学刊，2009 (1)：9-13.

[136] 王开泳，陈田，王丽艳，袁弘. 半城市化地区城乡一体化协调发展模式研究——以成都市双流县为例 [J]. 地理科学. 2008，28

（2）：173-178.

[137] 王立英. 试论我国城镇暂住人口的管理 [J]. 人口与经济，1996（4）：3-9.

[138] 王如渊，李燕茹. 深圳中心商务区的区位移位及其机制 [J]. 经济地理，2002，22（2）：165-169.

[139] 魏立华，闫小培. "城中村"：存续前提下的转型——兼论"城中村"改造的可行性模式 [J]. 城市规划，2005（07）：9-13.

[140] 魏星，王桂新. 中国东，中，西三大地带人口迁移特征分析 [J]. 市场与人口分析，2004，10（5）：13-22.

[141] 吴伟东，冯玉华，贾生华. 我国三元经济结构问题初探 [J]. 农业经济问题，1988（5）：52-56.

[142] 吴铮争，宋金平，王晓霞等. 北京城市边缘区城市化过程与空间扩展——以大兴区为例 [J]. 地理研究，2008，27（2）：285-293.

[143] 谢灿城. 城市化视角下的"城中村"现象分析 [J]. 现代城市研究，2009，12：37-41.

[144] 夏丽霞，高君. 新生代农民工市民化进程中的社会保障 [J]. 城市发展研究，2009，16（7）：119-124.

[145] 夏德孝，张道宏. 劳动力流动与城市化的地区差距 [J]. 西北大学学报（哲学社会科学版），2008，38（8）：92-95.

[146] 夏小林，王小鲁. 中国的城市化进程分析——兼评"城市化方针" [J]. 改革，2000（2）：33-38.

[147] 肖黎姗，齐涛，潘玲阳，赵煜，赵千钧. 半城市化地区生活垃圾产生及其影响因素分析 [J]. 环境污染与防治. 2011，33（2）：105-110.

[148] 向德平. 城市社会学 [M]. 武汉：武汉大学出版社，2002.

[149] 辛宝海. 改革开放以来中国二元经济理论研究 [D]. 复旦大学，2008：35-37.

[150] 邢谷锐，徐逸伦，郑颖. 城市化进程中乡村聚落空间演变的类型与特征 [J]. 经济地理，2007，27（6）：932-935.

[151] 薛力. 城市化背景下的"空心村"现象及其对策探讨：以江苏省为例 [J]. 城市规划，2001，（6）：8-13.

[152] 徐辉. 劳动力流动与农村人力资本保护关系研究 [J]. 安徽农业科技 2008. 36（8）：306-340.

[153] 徐勤政，石晓冬，胡波等. 利益冲突与政策困境——北京城乡结合部规划实施中的问题与政策建议 [J]. 国际城市规划，2014，（4）：52-59.

[154] 徐庆. 论中国经济的四元结构 [J]. 经济研究，1996（11）：60-65.

[155] 徐绍史. 深入开展农村土地整治搭建新农村建设和城乡统筹发展新平台 [J]. 国土资源通讯，2009（8）：6-7.

[156] 颜平进. 中国经济发展的"三元"模式初探 [J]. 经济问题探索，1991（5）：17-22.

[157] 杨斌，贺琦. 失地农民保障制度的理念，原则及其框架研究——基于可持续生计视角 [J]. 当代经济管理，2011，33（1）：59-63.

[158] 杨菊华，何炤华. 社会转型过程中家庭的变迁与延续 [J]. 人口研究，2014，38（2）：36-51.

[159] 杨俊青，圣明. 新兴古典经济学有关二元经济形成与消失理论简评 [J]. 经济问题，2005（5）：2-4.

[160] 杨清哲. 人口老龄化背景下中国农村老年人养老保障问题研究 [D]. 吉林大学，2013：44-46.

[161] 杨忍，刘彦随，刘玉. 新时期中国农村发展动态与区域差异格局 [J]. 地理科学进展，2011，30（10）：1247-1254.

[162] 杨永芳，刘玉振，艾少伟. "空心村"问题成因分析及解决对策 [J]. 安徽农业科学，2007，35（26）：8333-8336.

[163] 杨子慧，萧振禹. 流动人口与城市化 [J]. 人口与经济，1996（5）：33-38.

[164] 闫小培，魏立华，周锐波. 快速城市化地区城乡关系协调研究——以广州市"城中村"改造为例 [J]. 城市规划，2004，28（3）：30-37.

[165] 叶嘉安，徐江，易虹. 中国城市化的第四波 [J]. 城市规划，2006，30（B11）：13-18.

[166] 叶敬忠，孟英华. 土地增减挂钩及其发展主义逻辑 [J]. 农业经济问题，2012（10）：43-50.

[167] 叶裕民. 农民工迁移与统筹城乡发展 [J]. 中国城市经济，2010，（3）：46-51.

[168] 叶裕民. 中国城市化的制度障碍与制度创新 [J]. 中国人民大学学

报，2001（5）：32-38.

[169] 于立，姜春海. 中国乡镇企业吸纳劳动就业的实证分析 [J]. 管理世界，2003（3）：76-82.

[170] 袁弘，陈田，谢婷. 半城市化地区非农土地利用及整合研究进展 [J]. 地域研究与开发. 2008，27（1）：88-93.

[171] 曾金盾. 多元化的农村公共供给主体构建 [J]. 内蒙古农业大学学报（社会科学版），2009，11（5）：66-67.

[172] 曾绍阳，唐晓藤. 社会变迁中的农民流动 2004 [M]. 南昌：江西人民出版社，2004.

[173] 张聪群. 浙江农村劳动力转移与工业化、农业化互动发展的实证研究 [J]. 宁波大学学报（社会科学版），2006，19（5）：91-95.

[174] 张富刚，刘彦随. 中国区域农村发展动力机制及其发展模式 [J]. 地理学报，2008，63（2）：115-122.

[175] 张立彦. 地方政府土地出让目标取向研究 [J]. 城市问题，2008（11）：97-101.

[176] 张换兆，郝寿以. 城市空间扩张与土地集约利用 [J]. 经济地理，2008，28（3）：419-422.

[177] 张建君. 政府权力，精英关系和乡镇企业改制——比较苏南和温州的不同实践 [J]. 社会学研究，2006（5）：92-124.

[178] 张京祥等. 乡村复兴：生产主义和后生产主义下的中国乡村转型 [J]. 国际城市规划，2014，29（5）：1-7.

[179] 张磊，叶裕民，王海龙. 规划协同及其对复杂城市系统的影响——以北京市海淀区城乡结合部为例 [J]. 规划师，2013，（12）：22-26.

[180] 张立. 论我国人口结构转变与城市化第二次转型 [J] 城市规划，2009，33（10）：35-44.

[181] 张敏，甄峰，张晓明. 中国沿海欠发达地区半城市化特征与机制——以福建莆田为例 [J]. 地理研究. 2008，27（4）：927-937.

[182] 张宁，方琳娜，周杰，宋金平，江君. 北京城市边缘区空间扩展特征及驱动机制 [J]. 地理研究，2010，29（3）：471-480.

[183] 张清军，曹秀玲，鲁俊娜. 河北省农村居民点用地集约利用评价 [J]. 农业工程学报，2010，26（7）：312-317.

[184] 张苏北，朱宇，晋秀龙，等. 安徽省内人口迁移的空间特征及其影响因素 [J]. 经济地理，2013，33（5）：28-30.

[185] 张铁军，唐利. 城市化进程中农民工市民化问题研究——以宁夏为例 [J]. 西北人口，2009，30 (6)：102-109.

[186] 张善余，杨晓勇. "民工潮"将带来"回乡创业潮"——以安徽省阜阳地区为例 [J]. 人口与经济，1996 (1)：43-47.

[187] 张秀生，王军民，陈立兵. 构建农民收入的长效机制 [J]. 中国人口·资源与环境，2007，17 (1)：20-23.

[188] 张伊娜，王桂新. 旧城改造的社会性思考 [J]. 城市问题，2007 (7)：97-101.

[189] 张永丽，黄祖辉. 中国农村劳动力研究述评 [J]. 中国农村观察，2008，1：69-79.

[190] 赵勇. 城镇化：中国经济三元结构发展与转换的战略选择 [J]. 经济研究，1996 (3)：63-68.

[191] 郑艳婷，刘盛和，陈田. 试论半城市化现象及其特征——以广东省东莞市为例 [J]. 地理研究，2004，22 (6)：760-768.

[192] 中国大百科全书社会学编辑委员会. 中国大百科全书·社会学卷. 北京：中国大百科全书出版社，1991.

[193] 周华，王炳君. 江苏省乡村性及乡村转型发展耦合关系研究 [J]. 中国人口·资源与环境，2013，23 (9)：48-55.

[194] 周兢. 进城农民城市化的路径障碍初探 [J]. 宁夏社会科学，2009，(5)：71-74.

[195] 周素红，刘玉兰. 转型期广州城市居民居住与就业地区位选择的空间关系及其变迁 [J]. 地理学报，2010，65 (2)：191-201.

[196] 周祝平. 中国农村人口空心化及其挑战 [J]. 人口研究，2008，32 (2)：45-52.

[197] 周一星. 论中国城市发展的规模政策 [J]. 管理世界，1992 (6)：160-165.

[198] 周一星，曹广忠. 改革开放 20 年来的中国城镇化进程 [J]. 城市规划，1999，23 (12)：8-13.

[199] 朱启臻. 农村社会学 [M]. 北京：中国农业出版社，2002.

[200] 邹晖，罗小龙，涂静宇. 小产权房非正式居住社区弱势群体研究——对南京迈皋桥地区的实证分析 [J]. 城市规划，2013 (6)：26-30.

[201] 邹湘江，吴丹. 人口流动对农村人口老龄化的影响研究——基于"五普"和"六普"数据分析 [J]. 人口学刊，2013，35 (4)：70-79.